U0112903

中國歷代貨幣大系

9（上）

民國時期國家銀行地方銀行紙幣

《中國歷代貨幣大系》編輯委員會

總 主 編　馬飛海

編　　委　（以姓名筆劃爲序）

　　　　　王 岳　王裕巽　李偉國

　　　　　吳籌中　汪慶正　沈 寧

　　　　　馬承源　洪葭管　宣 森

　　　　　郭彦崗　張繼鳳　黄朝治

　　　　　葉世昌　傅爲群

責任編輯　楊寶林

裝幀設計　任 意

美術編輯　江小鐸

圖版編輯　王 煒

馬飛海總主編

中國歷代貨幣大系

9（上）

民國時期國家銀行地方銀行紙幣

吳籌中　郭彥崗　張繼鳳　主編

黃朝治　審校

上海辭書出版社

序

  中國是最早使用貨幣的文明古國之一。約在四千多年前的新石器時代晚期,隨着社會分工和商品交換的發展,已經出現了用牲畜、穀物等作爲充當一般等價物的實物貨幣。三四千年前的夏商時期,中原地區使用了海貝,而在商代晚期一些墓葬中發現了青銅貝。春秋戰國時期,在東周王室及主要諸侯國統治區內,流通着中國特有的由生產工具演變而來的布幣、刀幣和圜錢等青銅鑄幣。秦統一貨幣以後,歷代都因襲採用了方孔圓形的青銅錢幣。北宋時期,在四川地區出現的"交子"是世界上最早的紙幣。元、明、清三代,紙幣、銀兩和銅錢並行。清末機製銀元和銅元代替了銀兩和方孔銅錢。歷代不同幣材、形制和版別的貨幣浩如煙海,其數量之多爲世界各國歷史上所罕見。在幾千年的複雜發展過程中,各族人民共同創造了表現東方文化特徵的中國貨幣體系。這是光輝奪目的中華文化中的一簇奇葩。

  長期以來,貨幣給予每個時代的政治、經濟、文化和人民生活以很大的影響,同時它本身也打上了各個時代的歷史烙印。中國歷史貨幣的研究,涉及中國各個時代的政治、經濟、歷史、地理、文字學、美學、金屬冶煉和書法藝術等廣泛領域。錢幣是考古學上斷代的可靠依據之一。中國傳世的和出土的大量貨幣是珍貴的文物和實物資料。一千多年以來,很多錢幣學家和歷史考古學家也爲我們留下了大量的著作。這些豐富的文物資料和研究成果,都亟待我們進一步認真地整理、研究和總結。爲此我們決定編纂一套《中國歷代貨幣大系》,爲研究中國貨幣史和錢幣學等提供比較系統的科學資料,爲振興中華,發揚中國燦爛文化服務。

  《中國歷代貨幣大系》的編纂,力求聯繫各個時代的歷史背景,對歷代貨幣的制度、體系、幣材、形制和結構的變化,以及貨幣的分佈、流通規律等進行科學分析。全書按照歷史發展順序,依據朝代先後分爲十二卷。各卷內容包括四個部份: 一是總論,是對這一時期貨幣的總的論述;二是圖錄,是這一時期各種貨幣拓片或照片的滙總;三是專論,是對這一時期貨幣重要方面或重要問題的專門論述(有的卷無專論);四是資料,收錄這一時期貨幣的研究資料。有關貨幣史方面的內容,如各個歷史時期的財政、信用、購買力等,本書除各卷總論或專論有所涉及以外,不再作專門介紹。

  《中國歷代貨幣大系》是大協作的產物。它由上海市錢幣學會發起,並組織專家、學者、專業工作者和錢幣收藏家等進行編纂。在編纂過程中,得到了中國錢幣學會和上海市哲學社會科學規劃小組的指導,上海博物館、中國人民銀行上海市分行和中國近代印刷公司上海印刷廠的大力支持,以及各地博物館、錢幣學會、銀行、金融研究所、文物考古部門、高等院校等單位和很多熱心人士的積極贊助,在此表示衷心感謝。

  編纂本書,是一項頗爲艱難的工程。我們雖然勉力爲之,但書中疏漏、訛誤仍難避免,謹希識者不吝指教。

馬飛海

1986 年 12 月

凡　例

一、本卷內容包括中華民國自 1911 年 10 月至 1949 年 9 月，國家銀行、地方銀行發行的紙幣和軍政機構等發行的軍用票。民國時期商業銀行、外商銀行發行的紙幣，另見《中國歷代貨幣大系》第十卷。

二、"總論"是就這一歷史時期發行的各種紙幣的發展過程、歷史背景、特點、作用等，綜合國內外研究成果，作總的論述。

三、"專論"是就這一歷史時期貨幣的一些重要方面或問題，進行比較深入、系統的介紹和分析研究。本着"百家爭鳴"的方針，各抒不同的創見。"專論"按內容性質來排列次序。

四、本卷"圖錄"共收紙幣 3243 種。國家銀行紙幣，按中央銀行、中國銀行、交通銀行、中國農民銀行次序和各行不同類別紙幣先後發行的順序排列；各地方銀行紙幣，按申報館發行的《中國分省新圖》(1948 年 7 月版)的省區次序排列。

五、各地方銀行發行的有些票券，不屬於紙幣，但在當時貨幣流通十分混亂的特定歷史條件下，在一定時間內曾作爲紙幣或變相紙幣發行使用，如債券、存款券、金庫券、農業證券、建設庫券、國幣庫券、四釐債券、定期有利金庫證券、本票、定額本票等，爲提供研究，也列入紙幣圖錄和概況表內。

六、圖版按紙幣原尺寸彩色印製，個別縮小的，注明原尺寸。圖版下的說明，內容依次是編號、收藏者或提供者、等級。

七、紙幣等級按其在歷史上的作用、學術上的價值、稀見的程度、經歷年代的長短、傳統的和目前社會的評價等方面的情況劃分爲五級，以四星級爲最高，依次爲三星級、二星級、一星級和無星級，供研究參考。

八、"資料"包括大事記和各種紙幣的概況表。

九、"索引"以本卷涉及的紙幣名稱爲主要詞目，採用筆劃查檢法。按詞目第一個字的筆劃簡繁爲序，第一個字相同的，依次以後一個字的筆劃爲序。詞目起首的單字筆劃相同的，以起筆的筆形一、丨、丿、丶、一爲序。

十、本卷使用的紙幣名稱，均以實物上所寫的名稱爲準。

十一、本卷紀年兼用公元紀年和民國紀年，公元紀年用阿拉伯數字表示，民國紀年用中文數字表示。如公元 1937 年 7 月 7 日爲民國二十六年七月七日。

目　　録

壹　總論

總　　論

總論寫作組

　　中國之有紙幣,由來已久。如宋朝的交子、會子;金朝的交鈔;元朝的中統元寶交鈔;明朝的大明寶鈔;清朝順治時的鈔貫,咸豐時的户部官票、大清寶鈔。凡此種種,都是國家發行的紙幣。鴉片戰爭前,已有民間金融機構錢莊、銀號等發行的銀錢票,流通較廣,其性質接近於銀行券。鴉片戰爭後,各外國銀行先後在我國通商大埠設立機構,在列強的卵翼之下,紛紛發行鈔票,我國市場,始見有銀行券的流通。當時朝野上下,鑒於發行紙幣的利益,及慨乎利權之旁落,亟思所以挽回之法。遂於光緒二十三年(1897年),有中國通商銀行的開辦,援照外國銀行辦法,發行鈔票,是爲中國近代銀行發行兑換券的嚆矢。至光緒三十一年户部銀行成立,發行户部銀行鈔票;而各省所設立的官銀錢號,亦各自發行銀兩、銀錢等票,通行於市。此後中國發行鈔票的銀錢行號,逐漸增多。至民國時期,發行紙幣的銀行有國家銀行、地方銀行、商業銀行及在華的外商銀行。本卷側重於研究民國時期國家銀行、地方銀行紙幣(包括軍用票)。民國時期商業銀行、在華外商銀行紙幣,另見《中國歷代貨幣大系》第十卷。

一、民國時期國家銀行紙幣

　　民國國家銀行紙幣,在1935年11月3日以前,是國家核准發行的銀行券,屬可兑換紙幣;在1935年11月4日以後,則是國家的法定貨幣,屬不兑換紙幣。

　　民國國家銀行紙幣的發行機構:南京臨時政府和北洋政府時期爲中國銀行和交通銀行;國民政府時期爲中央銀行、中國銀行、交通銀行和中國農民銀行,1942年7月1日起則由中央銀行獨家發行。

　　民國國家銀行紙幣的演變過程,可分爲南京臨時政府時期,北洋政府時期,國民政府前期、中期、後期。

(一)南京臨時政府時期(1912)

　　辛亥革命前夜,偉大的民主主義革命先行者孫中山先生,爲了籌集推翻清王朝的活動經費,奔波於歐美和東南亞等地,親自組織領導和設計印發了中國商務公會股券、軍需債券、中華民務興利公司債券、中華革命政府信用證券、中華革命軍銀票以及中華民國金幣券等大量的籌餉票券。這些籌餉票券,雖然不屬於銀行紙幣性質,但其式樣有的與鈔票類同,在推翻清王朝中起了一定作用,且爲紙幣愛好者所珍藏。從某種意義上説,它們是民國時期發行國家銀行紙幣的前奏。

　　正式發行民國國家銀行紙幣,是以中國銀行爲嚆矢。1912年1月1日,南京臨時政府成立。24日,臨時大總統孫中山批准將大清銀行改組爲中國銀行。2月5日,中國銀行即在上海漢口路大清銀行舊址成立,開始對外營業。隨即發行第一版兑換券,因新券尚未印就,即在宣統三年(1911年)發行的大清銀行李鴻章像的鈔票上加蓋"中華民國元年"和"中國銀行兑換券"字樣後流通使用。其第二版黃帝像兑換券(民國元年版)是自己設計並在美國印製的,運到國內後陸續在全國發行。

　　與此同時,光緒三十四年由清郵傳部奏准設立的交通銀行,亦一改以前鈔票上雙龍與龍旗的圖案,在1912年印發的第二版鈔票上,將龍旗改爲五色旗,將雙龍改爲雲鶴。不久,又將五色旗圖案改爲交通動力機械和火車、輪船運行圖景。

　　南京臨時政府時期,國家銀行發行的鈔票有以下四個特點:1.鈔票上既有共和的標志,如五色旗、民國年號等,但尚留有舊王朝的痕跡,如中國銀行第一版兌換券,使用的仍是加蓋的大清銀行李鴻章像的鈔票。2.兌換券印很多地名,反映當時國內各自爲政,經濟上的不統一。3.鈔票上都標明"通用銀圓"字樣,説明當時幣制紊亂,各地銀兩平色、銀元種類各不相同。4.發行額微不足道,1912年底,中、交兩行的發行額總共僅225萬元,而同年英商滙豐銀行在華的兌換券流通額已高達2,400餘萬元;和省地銀行相比,亦瞠乎其後,據調查,當時各省官銀號、官錢局等所發行的紙幣已達14,557萬餘元。①

(二)北洋政府時期(1913—1927)

1912年3月,袁世凱篡奪辛亥革命果實、竊取大總統寶座後,建立了北洋軍閥政府。袁死後,北洋軍閥分裂爲直、皖、奉等系,各自盤踞一方,混戰不已,直至1928年相繼覆滅爲止,全國處於北洋軍閥的黑暗統治時期。給中國人民帶來了深重的災難,社會經濟遭受嚴重破壞。

在此時期,人民群衆反帝反封建的浪潮日益高漲。中國民族工業在第一次世界大戰期間的發展,使中國的產業工人人數有了較大增長。在俄國十月革命勝利的鼓舞下,中國工人運動蓬勃發展,人民革命運動的浪潮一浪高過一浪。1919年的"五四"運動,給予帝國主義和中國封建勢力以沉重打擊,宣告新民主主義革命的開始。1921年7月,中國共產黨成立。1924年國共第一次合作,推動了革命形勢的發展。1925年爆發的"五卅"運動,達到了反帝革命鬥爭的高潮。處於這樣一個歷史時期,民國時期國家銀行紙幣——中國、交通兩行兌換券的發行,也經歷了一個曲折發展的過程。

1. 中、交兩行成爲袁世凱政府的兩大財政支柱,濫發鈔票,準備空虛,終於釀成"停兌事件"

袁世凱政府從組成時起,經濟就十分虛弱,每年財政預算入不敷出甚巨,國庫如洗。當時籌款,"舍增税、借債及發行紙幣三項,無他術也"。②但增税不易,因税種已多,整理税務又遇到地方勢力的刁難。借內債,因信用不佳,正在發行的公債尚感推銷爲難,再增新債更無把握;借外債,由於外國銀行團內部各成員之間矛盾很多,北洋政府又無其他可靠收入來源充作擔保品,中國債票在歐洲市場上信用薄弱,銀行團對貸給新債態度消極。前兩項均行不通,唯一辦法就是靠增發紙幣。其時,北洋政府可以利用的紙幣是具有國家銀行性質的中國銀行和交通銀行所發行的兌換券。這種兌換券持有者可以隨時向發行的銀行兌換銀元,所以銀行如無充足的現銀準備就不敢任意增發。中、交兩行的兌換券發行額本來並不太大。1913年底,中國銀行發行額只有502萬元,交通銀行1914年底也不過893萬元。但到1915年底,因政府墊款激增,中、交兩行發行額分別猛增到3,844萬元和3,729萬元。中國銀行爲政府墊款達1,204萬元;③交通銀行更多,高達4,750萬元,佔該行全部放款的94%、存款的72%。④到1916年初,社會上對兩行兌換券信心已呈動搖。4月間,交通銀行北京、上海、天津等地分行已經發生存户提存和擠兑鈔票的情況,使該行資金周轉呈現十分困難的窘狀。對此,交通銀行總經理梁士詒(時任總統府秘書長)便策劃了由政府命令中國、交通兩銀行同時停兌的詭計。他的如意算盤是:這樣可以集中各地中國、交通兩行約1,000餘萬元的庫存現銀以備急需,還可以金融緊迫爲借口向外國銀行提出貸款要求。這時袁世凱稱帝失敗,已令段祺瑞組成責任內閣。梁士詒的詭計得到內閣總理段祺瑞的親信、國務院秘書長徐樹錚的贊許,終於促使段祺瑞於1916年5月12日下達了"中國、交通兩銀行自奉令之日起,所有該兩行已發行之紙幣及應付款項,暫時一律不准兌現、付現"的命令(下簡稱"停兌令")。

停兌令公佈後,全國震驚,輿論嘩然,各省紛紛電請變更辦法,南方各省反對尤烈。當停兌令傳到上海中國銀行後,該行經理宋漢章、副經理張嘉璈經過緊急磋商和考慮,核算了自己的庫存和應付擠兑能力,決定不執行北洋政府的停兌令,積極作好各項兌付準備。與此同時,成立上海中國銀行商股股東聯合會,推舉張謇爲會長、葉揆初爲副會長、錢永銘爲秘書長,議決五條辦法:(1)上海中國銀行全行事務悉歸股東聯合會主持,以後政府不得提用款項;(2)本行所有財產負債,已移交外國律師代表股東管理一切,並隨時有查帳之權;(3)上海分行鈔票隨時兌現;(4)所有存款均到期兌;(5)將來商家設有損失,悉歸股東聯合會負責處理。同時由外國律師致函宋漢章、張嘉璈,要求照舊營業,仍請宋、張兩人具體主持,但不得違背股東聯合會的意志,不得有違反存户旨意之行爲。股東聯合會還發出通函通電,爭取社會輿論和有關方面的同情和支持。首先致函上海商會轉知各業,上海中國銀行決定照常兌現、付現,以免引起各業誤會。同時發電給外國駐滬領事團和江蘇督軍馮國璋。領事團出於維護上海租界市面的考慮,對商股股東聯合會的辦法覆電表示"異常贊美";馮國璋覆電,認爲"滬行辦法極是,甚爲佩慰",也支持了上海中國銀行照舊兌現、付現。

5月12日,北洋政府的停兌令正式公佈,上海中國銀行照常開門營業。一清早,銀行門口就擠滿了人,據張嘉璈估計,"擠兌者何止二千人"。⑤由於準備充分,應付得當,沒有發生騷亂。當天兌出現洋約數十萬元。13日星期六,上海中國銀行登報公告延長辦公時間,下午照常開門兌付,是日擠兌人數減爲四百多人。14日星期日,特又開門半天,擠兌者已減至不過百餘人。以後數日,擠兌者逐漸減少,到5月19日,風潮完全平息。在滬行的影響下,長江流域幾省中國銀行的分行亦先後抵制停兌令,照常兌現各自發行的鈔票。北洋政府爲挽回人心,延至6月1日才發表了一個措詞含糊、無補實際的通告,停兌事件算是告一段落。

停兌令發佈後執行最早、最徹底的是北京。這種不能兌現的鈔票稱爲"京鈔"。停兌後,京鈔變本加厲,繼續增發,黑市價從一元值七八角降至僅值四角。後來時斷時續的加以整理,用發行公債和銀行定期存單的辦法加以收回,直到1927年"始首尾清結",⑥困擾該行達十年之久。在京鈔停兌影響下,天津、開封、歸綏(今呼和浩特)三行鈔票也曾一度停兌,後來才恢復兌現。

交通銀行由於實力比不上中國銀行,加之該行政治墊款過多,除東三省外,大多數行處均遵令停兌。至1922年始全部恢復兌現。

"停兌事件"是中國近代貨幣、金融史上一次重大的事件,它集中反映了當時的政治和經濟形勢。以袁世凱爲首的北洋軍閥,雖然篡奪了辛亥革命果實,建立了北洋政權,但是政治腐敗,經濟不濟,財政極度困難,主要依靠墊款發鈔以維持它的統治,終於釀成波及全國的貨幣金融危機。北洋政府命令中、交兩行鈔券停止兌現和上海中國銀行抗拒停兌這一場鬥爭,是江浙資産階級與北洋軍閥的一次政治較量,結果以前者佔上風而告結束。

2. "停兌事件"後,中、交兩行爲恢復與提高幣信所採取的措施

停兌風潮過去以後,中、交兩行開始擺脫北洋政府控制。1917年7月,張嘉璈出任中國銀行副總裁(仍保留滬行副經理名義)。稍後,張謇、錢新之分別任交通銀行總理和協理。這些人都屬於江浙資産階級陣營。他們分別主持中國銀行和交通銀行後,都致力於整頓業務,恢復與提高幣信,並採取了以下措施:

第一,堅持執行六四準備金制度。

關於發行兌換券的準備金問題,在中國銀行《兌換券暫行章程》中沒有具體規定。中國銀行在1915年以前暫時參照前清宣統二年制訂的《兌換紙幣則例》第二條的規定,現金準備爲50%。1915年10月,北洋政府財政部公佈的《取締紙幣條例》第四條規定,現金準備至少爲50%,其餘准以公債票及確定之商業證券作爲保證準備。這在民國法律上對發行準備初次有了明確的規定。1920年6月28日公佈的《修正取締紙幣條例》第七條規定:"至少須有六成現款準備,其餘得以政府發行之正式債券作爲保證準備"。此後該行即照此辦理。交通銀行早期的發行帳目與營業帳目混在一起,兌換券及準備金不另行設庫存儲,故準備金的實際情形,帳券均難考見。導致後來發行過度,準備金被挪用等情況。停兌風潮後,該行認識到欲提高幣信,必須健全發行制度,而首先要嚴格準備金制度。爲此,於1917年改革會計制度,將發行準備金與營業資金劃分記載。1922年制訂分區發行試辦章程時,正式規定:"凡區內各分支行領用兌換券,應以六成現金,四成有價證券面額,交入總庫或分庫作爲額定準備,再交二成現金作爲額外準備。其有價證券之種類,應先陳請總管理處核准,並應以時價滿五折者爲限,如價格不及五折,應以同樣或其他有價證券補足。倘無有價證券,按五折照交現金亦可。"後來修訂分區發行規程,又規定十足準備,現金準備至少六成,保證準備至多四成,故實際上之現金準備並不以六成爲限。

第二,改革內部發行制度,採取集中準備與分區發行相結合。

兩行初期發行,採取各地發行地名券的制度,其準備金由發行銀行自行保管,負責兌現。例如凡印有上海地名的兌換券,其準備金就存在上海,兌換也必須在上海。由於發行的地名券種類繁瑣,不但收付授受時手續繁瑣,且人們鑒別亦非易事。加以各地洋釐行市及滙水高低不同,各種地名券時有貼水發生,人們行使諸多不便,鈔券流通亦受影響。爲保護發行準備安全,樹立兌換券信用,中國銀行總處決定適當集中發行,建立分區發行制度。集中發行準備於上海、天津、漢口三分行,指定三行爲集中發行區域。1922年起,根據地域及業務關係,將全國劃分爲四大區域,每一區域中指定一個分行爲區域行。除滬、津、漢三行外,再增加粵行爲中心區域行,管理該區內各分行發行事務。1928年又調整爲五個發行區,在前四區外,再加東北區域,由奉天中行爲區域行,每區所發鈔券,都印上地名,以明兌現責任。交通銀行也從1922年11月起,將發行地點劃分爲天津、上海、漢口、奉天、哈爾濱五區,實行分區發行。分區發行的優點,在於發行獨立,杜絕了準備金隨時被通融挪移之弊。

第三,推行同業領券制度,擴大發行。

1915年,北洋政府公佈的《取締紙幣條例》中規定:凡已經發行的銀錢行號有特別規定的,於規定年

限滿期後,應即全數收回;無特別規定的,由財政部酌定期限,陸續收回;未發行的,概禁新發。這些銀行所需兌換券,可向中行領用。爲此飭令中行擬訂《領用兌換券辦法》,使原來有發行權的銀行,得向中行領用鈔券。1915 年,上海中國銀行根據財政部要求,創設了領用暗記券制度。同年 5 月 13 日,浙江地方實業銀行帶頭呈准財政部,由該行限期將自發的鈔券收回,改爲領用中行發行的暗記券,此實爲實施領用制度的濫觴。領用銀行以現金六成,保證準備四成(包括公債票或上海道契 30%,即期莊票 10%)交給發券銀行,即可領到暗記券。所謂暗記券是指發券銀行在鈔券上加一暗記,代表不同的地名或領券單位,如中國銀行 1918 年印的拾圓券加上"K"、"G"等英文字母暗記,便於了解這些鈔券是由哪一家銀行所領用以及回籠情況,而在社會上則並不察覺。中行兌換券暗記券制度實行後,進展十分順利,領用行增加很快,一些著名商業銀行如浙江興業銀行、中孚銀行、上海商業儲蓄銀行等都向該行簽訂了領券合同。交通銀行在 1917 年 8 月與浙江興業銀行曾訂立 500 萬元的領券合同,因時局關係未能實行。1923 年 2 月乃訂定同業領用辦法,分長期領用與短期領用兩種。長期領用,領用總額以所繳準備金爲準,初無定額,繼乃於總額外,規定每次領用數額爲 2 萬元,繼又規定爲 5,000 元。短期領用,亦以繳納之準備金爲準,約定每周領用數額,繼乃約定每月領用數額,又繼則約定每月領額按日分領,或並不約定每月領額而約定每日領用若干元,而以適應經濟環境與便利同業領用爲要旨。領券期限:長期領用,期限不一,1923 年開始領用時不明訂期限,1927 年津區領用以一年爲期,1929 年滬區領用以二年爲期,期滿後雙方同意得再續領;短期領用,以平、津、滬等地同業爲多,原以每月領用若干爲限,嗣即改用遲期支票,領券人有整批送出或向外埠搬運圖利者,得隨時停止之。1923 年 2 月,交通銀行天津第一區發行總庫開始試辦,迅即推廣至青島、上海、漢口等區。領用券辦法對領券行和發券行都有好處。領券行因所繳準備金中有一部份可收取利息,鈔票發行後在外流通時間越長,獲利越多;而發券行可以借此擴大發行額和流通範圍。兩行自實行領用券制度後領券額佔發行總額的比率,中行爲 25%－28%,交行約 20%。

第四,實行準備金公開檢查制度,以取信於民。

中國銀行領券制度規定公開檢查辦法。上海中行於 1924 年 5 月間與領券行莊簽訂庫存準備金辦法三條:一是各行莊所繳準備金現金六成、公債票(或道契)三成、莊票一成,統一由中行專庫存儲;二是上項準備金或生金銀或外國現貨幣,存在本庫或存在國外抵充,悉聽中行之便,如遇銀根緊急時,應酌提一成專做短期押款,以供調劑市場之用,但存在國外以二成爲限;三是上項準備金一律公開,專庫所存現金、生金銀、外國現貨幣、公債票(或道契)、莊票及一切單據,各領券行莊每月得輪推代表來行檢查。辦法確定後,即登報公告實行公開檢查。當時十六家領券行莊共領券 172.5 萬元,經檢查,十足準備絲毫不差,後就成爲制度。交通銀行發行準備的檢查始於 1923 年,第一區發行總庫成立之翌年,由天津銀行公會、商務總會、錢業公會公舉代表按月會同檢查。1931 年 1 月成立滬區檢查發行準備委員會,由該會推舉董事、監察人會同會計師按月檢查,其檢查報告除呈報財政部外,並登報公告,從而獲得民眾的普遍好評,兩行紙幣的信譽也就蒸蒸日上。

3. 機遇與奮進,使國家銀行紙幣的市場佔有率迅速提高

困難與機遇總是同在的。給國家銀行紙幣發行帶來困擾的同時,也出現了某些有利於紙幣推廣與擴張的因素。主要是:

(1) 1914 年爆發第一次世界大戰後,西方列强暫時放鬆了對中國的侵略,商品輸出和資本輸出都曾一度有所減少,給中國民族工商業帶來了發展機遇。1917 年至 1921 年這五年中,中國新設企業七百六十六家,創設資本 22,935.8 萬元;較前五年中新設企業四百六十六家,創設資本 7,235.9 萬元,分別增長 64.38% 與 217%。[⑦]隨着工商業的發展與繁榮,貨幣流通也出現了兩種新的情況:一是銀元逐漸取代銀錠而成爲交易媒介與支付工具;二是紙幣的相對擴張,即金屬貨幣的相對縮小。

(2) 在第一次世界大戰期間及戰後的數年中,一些在華外資銀行,相繼停業或倒閉,如德華銀行於 1917 年被清理;中法實業銀行於 1921 年停業,發行 225 萬元紙幣無法兌現,經北京、上海兩地銀行公會墊款收兌 210 萬元;友華銀行則於 1924 年停業,併入花旗銀行;華盛頓銀行亦於 1924 年因擠兌而倒閉;華俄道勝銀行於 1926 年倒閉,發行的 39,666 元銀元紙幣、11,858 兩銀兩紙幣、107,000 盧布紙幣均成廢紙。[⑧]這一系列事實使中國人民認識到,外國銀行的紙幣並不可靠,從而失去了使用的信心。

(3) 1919 年"五四"運動以後,中國人民反對帝國主義侵略的愛國熱情日益高漲,各地一再反對外國銀行在中國發行紙幣,並倡議拒絕使用。特別是 1925 年的"五卅"運動,反帝鬥爭和愛國熱情使外商銀行受到沉重打擊。這一由上海工人首先掀起的反帝怒潮,很快就擴大到全國許多重要城市。上海工人、學生、店員的罷工、罷課、罷市持續了二十多天。在"三罷"中,上海工、商、學聯合會曾經作出建議,勸告市民提取存在英、日兩國銀行的存款,拒收英、日兩國銀行的鈔票。一時外商銀行所吸收的

存款被大量提取,它們所發行的鈔票被拒絕使用。

以上三次歷史上的重大事件,都給民族經濟的發展以大好機遇,自然也給國家銀行的發展帶來極好機會。中國銀行自 1917 年張嘉璈擔任副總裁以後,抓住機遇,刻苦自勵,經過十年的整頓,銀行信譽日益提高,業務獲得迅速發展。到 1926 年底,全行存款達到 32,848 萬元,發行兌換券達到 13,742 萬元,分別佔全國二十五家重要華商銀行存款總額和發行總額的 35.1% 和 60%,集中社會貨幣資本已達到十分可觀的程度。⑨交通銀行在 1923 年至 1924 年由張謇任總理、錢新之任協理期間,經過整頓,業務亦有起色。到 1926 年底,全行存款已恢復到 7,118 萬元,兌換券發行額達到 5,712 萬元。⑩

隨着國家銀行實力地位的增強,社會信譽的提高,國家銀行紙幣亦日益受到人民群衆的歡迎,它們的市場佔有率也迅速提高。把當時發行紙幣的銀行分爲 (1) 國家銀行;(2) 商業銀行;(3) 各省官銀行號;(4) 在華外商銀行四類。則 1913 年底各類發行額及其所佔比重分別爲:(1) 類 1,177 萬元,佔 5.89%;(2) 類 359 萬元,佔 1.80%;(3) 類 14,557 萬元,佔 72.78%;(4) 類 3,906 萬元,佔 19.53%。到了 1925 年,(1) 類爲 17,543 萬元,佔 35.01%;(2) 類爲 3,627 萬元,佔 7.24%;(3) 類爲 12,297 萬元,佔 24.54%;(4) 類爲 16,639 萬元,佔 33.21%。十二年間,國家銀行的紙幣發行額從佔 5.89% 上升爲 35.01%,發展十分迅速。其中雖有機遇,但主要是工作奮進的結果。至二十年代中期,中國、交通兩行的鈔票,不僅在大中城市中風行,而且已流入到廣大農村地區。

(三)國民政府前期(1927—1937)

1927 年 4 月 18 日南京國民政府成立,到 1937 年 7 月 7 日抗日戰爭爆發,是國民政府前期。在這一時期,國家有某種程度的趨向統一,但新軍閥之間的戰爭依舊不斷;而國難日深,日本軍國主義侵略步步進逼,由於政府堅持"攘外必先安內"的政策,將主要精力用於內戰,無力抵抗日本的軍事侵略。國民政府的經濟受美國白銀政策的影響,國際收支急劇惡化,工商業普遍蕭條,金融發生嚴重恐慌。在這個時期,貨幣金融方面出現了一系列重要變革。

1. 中央銀行的建立

在北洋政府時期,中國並沒有一個單獨的中央銀行。兩個國家銀行——中國銀行和交通銀行共同負起中央銀行的責任,主要是保管公款及對政府貸款、透支等。雖然它們的資力和地位都較其他華商銀行爲高,但是它們並未獨佔鈔票發行權,更談不上成爲銀行的銀行。國民政府成立後,即於 1928 年 11 月在上海設立中央銀行,並使其成爲全國最高的金融機構;同時改組中國銀行和交通銀行爲專業銀行,前者爲國際滙兌銀行,後者爲發展全國實業之銀行。1935 年又成立中國農民銀行(原爲 1933 年成立的豫鄂皖贛四省農民銀行)。這四家銀行結合成爲一個強大的國家銀行集團。它們都有鈔票發行權,它們所發行的鈔票都屬於國家銀行紙幣。截至 1935 年 11 月 3 日法幣改革前夕,這四家銀行發行總額爲 45,800 萬元,其中中央銀行爲 13,600 萬元,佔 30%;中國銀行爲 18,700 萬元,佔 41%;交通銀行爲 10,500 萬元,佔 23%;中國農民銀行爲 3,000 萬元,佔 6%,仍以中國銀行居首位。

2. 廢兩改元

廢兩改元前,中國的白銀貨幣單位有銀兩和銀元兩種。雖然,清政府於宣統二年(1910 年)頒佈《幣制則例》,北洋政府也於 1914 年頒佈《國幣條例》,要實行銀本位(以銀元爲主幣),但均未實行。兩、元並存的局面,給商品交易和貨幣流通帶來很大不便。因此,廢兩改元勢在必行。但要實現這一改變,阻力很大,首先是軍閥時期政治混亂,各省貨幣行政各自爲政,統一貨幣單位十分困難;其次,各地錢莊業的阻撓,它們長期把持銀兩、銀元之間的一套換算辦法,操縱金融行市,坐收"差價"之利;此外,還有外商銀行的從中作梗。

國民政府成立後,於 1928 年召開的全國經濟會議和全國財政會議都通過了《廢兩用元案》,但當時還不具備實行的條件。1932 年 7 月,國民政府組織了一個廢兩改元的研究委員會,由銀行界、商業界等各方代表參加(錢莊業沒有派代表參加)。該會向國民政府提出建議,因爲使用銀兩的習慣根深蒂固,要廢除銀兩,必須分步驟地逐步推行;上海是全國的經濟金融中心,如上海行得通,則推廣各地就比較容易。財政部採納了這個建議,分兩步實施,先上海,後全國,實行廢兩改元。1933 年 3 月 2 日,財政部發佈《廢兩改元令》,稱:"本部爲準備廢兩先從上海實施,特規定上海市面通用銀兩與銀本位幣一元,或舊有一元銀幣之合原定重量成色者,以銀兩七錢一分五釐合銀幣一元爲一定之換算率,並自本年三月十日起施行。"⑪ 3 月 8 日,又公佈《銀本位幣鑄造條例》,規定銀本位幣定名爲元,重量爲 26.697,1 克,成色爲銀 88%、銅

12%,即含純銀 23.493,448 克,每元重量以及成色的公差不得超過千分之三;向中央造幣廠申請鑄造銀本位幣,加納鑄費 2.25%。[12]在發佈上述命令和條例時,中央造幣廠從 3 月起開鑄新銀幣。新銀幣正面爲孫中山半身頭像,背面爲帆船圖案。同時,還由中央銀行、中國銀行、交通銀行三行聯合組織"上海銀元銀兩兌換委員會"負責兌換事宜。上海錢業公會接到命令後,即通告同業,自 1933 年 3 月 10 日起,停開洋釐行市,銀拆亦改爲拆息。廢兩改元在上海終獲通過。接着,財政部又於 4 月 5 日發佈了《廢兩改元佈告》,規定自 4 月 6 日起在全國實行廢兩改元。至此,銀兩在全國範圍內終被廢除,基本上實現了銀本位制度。這是中國的貨幣制度向近代化邁進的重要一步。

3. 法幣政策

受 1929 年至 1933 年資本主義世界經濟危機的影響,資本主義國家先後放棄了金本位制。美國於 1933 年 4 月放棄金本位制後,於 12 月和 1934 年 5 月,分別頒佈了《銀購入法》和《白銀法案》,授權美國財政部購買 13 億盎斯的白銀,以符合貨幣中應有四分之一的白銀準備的規定,從而引起了世界銀價的暴漲。銀價暴漲波及到中國,國內存銀大量外流,1933 年淨流出 1,422 萬元,1934 年猛增至 25,673 萬元,到 1935 年 5 月,中國淨流出白銀已達 29,000 萬元,尚不包括偷運的數字。[13]

大量白銀外流,使中國存銀數量嚴重下降,銀根奇緊,金融梗塞,物價下跌,工商各業資金周轉困難。1935 年,全國銀行倒閉或停業二十家,錢莊亦紛紛倒閉,僅上海即達十一家之多。民族工商業遭受的打擊更爲嚴重,單是上海的工商企業就有一千零六十五家停業。[14]在這種情況下,除廢止銀本位之外,別無良策,而實行管理通貨和紙幣制度,也就成爲幣制改革的最佳方案了。於是,國民政府於 1935 年 11 月 3 日宣佈,自 4 日起實行法幣政策。其主要內容是:

(1) 集中發行。以中央銀行、中國銀行和交通銀行(後又增加中國農民銀行)發行之紙幣爲法幣,具有無限法償資格。所有完糧納稅及一切公私款項收付,概以法幣爲限,不得使用現金,違者全數沒收。法幣發行準備金由特設的法幣準備管理委員會保管,該委員會由財政部、國家銀行和工商界的代表組成。其他各銀行已發鈔票仍准繼續流通,但應陸續收回,換取中央銀行發行的法幣。其他各銀行的發行準備金應立即移交法幣準備管理委員會保管。

(2) 白銀國有。凡銀錢行號商店及其他公私機關或個人,持有通用銀幣或其他銀類者,應交由中央、中國、交通三銀行及其委託的機關、團體,以及各內地稅收機關和各縣政府兌換法幣。除通用銀幣按照面額兌換法幣外,其餘銀類各按其實含純銀數量兌換。

(3) 管理外滙。爲使法幣對外滙價按照當時的價格穩定起見,由中央、中國、交通三銀行無限制買賣外滙。

法幣政策是中國貨幣史上一件劃時代的大事。新幣制的最大特點,"無疑是把白銀在國有方式下集中到政府手中,政府主要的用貯積的白銀作爲準備,發行流通券來流通。這種措施,把原來銀本位的許多缺點,部份的改正過來了。以前雜多的貨幣,阻礙流通,阻礙發行,現在貨幣統一劃一,流通的範圍逐漸擴展。在全國較大都市及較便於交通的區域,固不必說,就是許多落後地帶,一切封建性的地方性的,乃至私人性的鑄幣及紙幣,都逐漸被中央的銀行券及輔幣所代替了,紙幣發行權,鑄幣鑄造權,已大體被統一於中央政府,於是我們的貨幣,至少已取得了現代型的外觀。"[15]但是,距離健全貨幣制度的建立,尚甚遙遠。健全的貨幣制度必須有一個堅強獨立的中央銀行爲基礎,而國民政府的中央銀行,無論戰前、戰時或戰後,都還不具備這個條件。

4. 法幣發行後頭二十個月的情況

從法幣開始發行到抗戰爆發的二十個月期間,法幣發行額從 1935 年 11 月 3 日的 48,800 萬元,增加到 1937 年 6 月 30 日的 168,000 萬元,共計增加 119,200 萬元,增長 1.44 倍(其中包括廣東省銀行所發鈔票在內,該行自法幣改革之日起至 1936 年 7 月納入中央控制時爲止,增發鈔票達 1 億元之多)。經分析,在增發的法幣中,有一部份是用於抵補他種貨幣減少而發行的。統計發行準備管理委員會控制下的十五家銀行,在這一段時間減少發行額 16,000 萬元;在白銀國有方案之下,政府還動員運用價值約等於法幣 66,500 萬元的 5 億盎斯白銀,收回廣東省銀行所增發的鈔票,以及陸續收回國家銀行以外的其他銀行發行的鈔票等。説明當時投入流通的新鈔總額 119,200 萬元中,有 92,500 萬元是用之於以上用途。除此之外,還有數目無法確定,從流通中抽出窖藏起來的各式大小銀幣。[16]剔除以上因素,實際淨增發法幣在 25,000 萬元左右,較法幣改革前約增長 50%。這一情況,基本上適應了法幣改革後所出現的相當程度的經濟復甦和對貨幣需求的增加。但是,法幣發行量的增加,也刺激了物價的上漲。在上海,這一時期批發價格上漲 30%,生活費用上漲 15%。能否維持物價長期的、相對的穩定,隱隱中已出現了危險的徵兆。

（四）國民政府中期 (1937—1945)

1937 年 7 月 7 日,盧溝橋事變爆發,中國金融開始步入戰時階段。出世不久的法幣,經歷了嚴重考驗。一方面,要穩定法幣的對內對外價值;另一方面,由於政府財政收支短絀而大量增發鈔票,造成通貨膨脹,使幣值不斷下跌。

1. 穩定法幣對外滙價的鬥爭

抗戰爆發後,國民政府生怕法幣對外價值的跌落,會影響其對內價值,遂採取無限制向市場供應外滙的政策。從 7 月 7 日到 8 月 13 日的三十八天中,售出外滙即達 750 餘萬英鎊,合美金 3,000 餘萬元。爲了防止向國家銀行擠兑和搶購外滙,國民政府於 8 月 13 日下令上海銀錢業暫停營業兩天,並規定行莊活期存款,其全部提款額不得超過一周的存款額的 5%,存户提款每周不得超過 150 元;定期存款不到期不得提款,到期後得改存活期;作爲抵押用的存單在未到期前限提 1,000 元。這樣,就把上海的大部份資金暫時予以凍結,以防止外滙供應和滙率受到壓力。與此同時,國民政府復與外商銀行訂立"君子協定",由外商銀行放棄其自行掛牌辦法,改依中央銀行掛牌行市辦理;中國政府則按英鎊 1 先令 2 便士半、美元 2 角 9 分的固定滙率供應外滙。從 1937 年 8 月 13 日至 1938 年 3 月 3 日(修訂外滙政策之日)期間,國民政府售出的外滙據報約爲 5,000 萬美元之多(連前已達 8,000 萬美元以上)。1938 年 3 月 10 日,僞華北臨時政府成立"中國聯合準備銀行",在平津等地大量發行鈔票(稱"聯銀券"),強迫商店居民收受行使,把取得的法幣到上海通過各種關係和渠道套購外滙。針對這一情況,國民政府於 1938 年 3 月 14 日起實行《辦理外滙請核辦法》,亦即開始對外滙實行統制。凡經批准者,按官價售予外滙。於是便產生了外滙黑市,滙價一縮再縮,脫離法定滙價,自 1 先令 2 便士半縮至 8 便士左右。於是,國民政府便轉向英國求援,要求採取聯合行動來穩定滙率。1939 年 3 月由滙豐銀行出資 300 萬鎊,麥加利銀行出資 200 萬鎊,中國、交通兩銀行共出資 500 萬鎊爲基礎組成中英平準基金委員會。由於這一措施的實施,8 便士的滙價遂得以繼續穩住一個時期。1939 年 5、6 月間,日僞方面集中 1 億元以上的法幣套購外滙,向上海外滙黑市衝擊,外滙投機商也大肆活動,滙豐牌價遂縮到 7.25 便士,後又降至 6 便士半,到 10 月間就只能保持 4 便士左右的水平。這時基金亦已基本用光,遂又邀請美國參加,於 1941 年 4 月 1 日成立中、美、英平準基金委員會,由美方出資 5,000 萬美元,英方出資 500 萬鎊,中方出資 2,000 萬美元共同組成。但等到它於 8 月 19 日開始運用時,滙價已只能維持 3.187,5 便士。凡經平準基金委員會核准之外滙,即按此滙價供給。不久,太平洋戰爭爆發,上海和香港陷於敵手,財政部決定平準基金全數移至大後方運用。由於外滙交易極少,無形中等於停頓。後根據中國政府的要求,該平準基金委員會於 1944 年 3 月撤銷。

2. 與日僞開展貨幣戰

日本侵華戰爭全面爆發後,日軍在侵佔中國大片國土的同時,又千方百計地破壞中國的經濟金融。其中,摧毀中國幣制是一個重要方面。1938 年以後,日僞先後在張家口、北平、南京、上海設立了三家屬於地區性的"中央銀行"和一家有發鈔權的商業銀行。它們是:僞蒙疆銀行,僞中國聯合準備銀行,僞中央儲備銀行、僞華興商業銀行。它們憑借僞政權勢力,發行僞銀行券——"蒙疆券"、"聯銀券"、"中儲券"、"華興券",對法幣進行貨幣戰。他們的手法很多,如: (1) 大力推行僞幣,奪取法幣陣地;(2) 以僞令貶低法幣價值到完全禁止流通;(3) 用各種手段取得的法幣套購國民政府外滙;(4) 從日本運進僞造的法幣投入流通,擾亂中國幣制等等,無所不用其極。針對以上情況,國民政府採取了相應對策,主要有: (1) 保留在淪陷地區以及戰區的金融機構,進行金融貨幣鬥爭;(2) 維持法幣滙價,鞏固法幣的信用基礎,並實行外滙請核辦法,防止敵人套購;(3) 加緊對敵封鎖,嚴防物資資敵;(4) 在淪陷區推行省鈔,以代法幣行使;(5) 制定各種辦法措施,如《取締敵僞鈔票辦法》、《敵人僞制法幣對付辦法》、《防止法幣倒流方案》等,動員戰區人民拒用僞鈔。由於以上種種措施,使傀僞銀行鈔券祇能流通於日軍武力的點、綫,法幣在淪陷區繼續流通了一段相當長的時間。

3. 法幣統一發行

長期以來,國民政府爲求掌握鈔票的發行權,對由中央、中國、交通、農民四家銀行共同發行法幣不甚滿意。1942 年 3 月,國民政府從美國借到 5 億美元的貸款,充實了外滙基金,即命令四行聯合辦事總處

（簡稱"四聯總處"）就統一發行問題提出具體實施辦法。同年 5 月 28 日，四聯總處與財政部、中央銀行會商後，提出《統一發行辦法草案》，經中國、交通、農民三行代表參與討論後，並呈請行政院通過，由財政部於 6 月 14 日公佈《統一發行辦法》，分令各行執行。其内容主要是：自 1942 年 7 月 1 日起，法幣發行統由中央銀行集中辦理；中國、交通、農民三行應將截至 1942 年 6 月 30 日止所發行的法幣數額及準備金，造具詳表送財政部、四聯總處及中央銀行查核，中國、交通、農民三銀行已訂未交、已交未發及運送中的新券合約應即全部移交中央銀行接收，三行 1942 年 6 月 30 日止的發行法幣準備金，限於同年 7 月 31 日以前全數移交中央銀行（實際上後來幾經磋商，延至 1943 年才解決）；所有省地方銀行發行的鈔票，亦由財政部規定辦法，限期結束。從 1942 年 7 月 1 日起，市上雖仍有央行接收的三行鈔票及訂印續交的三行新券繼續使用流通，但實際上已是中央銀行獨家發行。這一舉措，從表面上看實行了全國發行制度的統一，是一個進步的措施。但是，中央銀行必須是強大的、超然的，能夠真正發揮"銀行之銀行"功能的機構。換言之，它必須視市場的需要，適時調整重貼現率、存款準備金率和公開市場的運用，以增減貨幣供應量。而當時的中央銀行完全沒有這個條件。再說，這個中央銀行始終不能脫離財政的控制而獨立，其發行鈔票的功能，僅成爲彌補國家財政赤字和籌措内戰軍費的乞靈機。

4. 戰時通貨膨脹

日本侵華戰爭全面爆發以後，沿海經濟富庶之區先後落入敵手，對中國的財政收入產生了嚴重影響，而國民政府支出浩繁，遂不得不乞靈於印鈔機或偶爾抛售外滙以彌補財政赤字。1937 年至 1938 年，國庫赤字有 40% 是用出售外滙和認購公債彌補的。在此時期，增發貨幣相對地說尚屬緩慢。可是，到了 1939 年，由於中央銀行的外滙儲備已消耗殆盡，對出售外滙嚴加限制，至於公債的出售數額則微乎其微。1938 年 6 月以後，法幣的流通量增加了 148%，已達 256,000 萬元。[17]同年 12 月，宋子文密函孔祥熙，認爲"四行發行的增加，已爲事實上所不能避免"，主張將超過準備的增發數"另行記帳"（1939 年 6 月起實行）。此後的發行額也就扶搖直上，進入了惡性膨脹階段。現將抗日戰爭時期法幣逐年發行額和增發指數列表於下：

年　　份	法幣發行額（單位：億元）	法幣增發指數（1937 年 6 月＝1）
1937 年　6 月	14.1	1
1937 年 12 月	16.4	1.16
1938 年 12 月	23.1	1.64
1939 年 12 月	42.9	3.04
1940 年 12 月	78.7	5.58
1941 年 12 月	151	10.71
1942 年 12 月	344	24.40
1943 年 12 月	754	53.46
1944 年 12 月	1,895	134.36
1945 年　8 月	5,569	394.84

同期，法幣增發指數與重慶、上海兩地物價指數比較見下表：

年　　份	重慶物價指數	上海物價指數	法幣增發指數
	（1937 年 1—6 月＝1）		（1937 年 6 月＝1）
	1	1	1
1937 年 12 月	0.98	1.24	1.16
1938 年 12 月	1.04	1.15	1.64
1939 年 12 月	1.77	3.08	3.04
1940 年 12 月	10.94	6.53	5.58
1941 年 12 月	28.48	15.98	10.71
1942 年 12 月	57.41	49.29	24.40
1943 年 12 月	200.33	176.02	53.46
1944 年 12 月	548.60	2,059.71	134.36
1945 年　8 月	1,795.00	86,400.00	394.84

上表反映了法幣增發指數與物價上漲指數之間的變化情況，1939 年以前是法幣增發指數大於物價上漲指數，1940 年以後就反過來了，物價上漲指數超過或大大超過法幣增發指數。這是一個明顯的標志，表明通貨膨脹已經到了惡性階段，並將年復一年地嚴重下去。

隨着通貨不斷膨脹，大額鈔票陸續出籠。1940 年發行伍拾圓券，1942 年發行壹佰圓券。同年 3 月，財政部又將原來繳納關稅專用的關金券，按 1 關金等於法幣 20 元行使，並增發伍拾圓、壹佰圓、伍佰圓面額關金券流通市面。這樣，伍佰圓面額的關金券也就等於壹萬圓法幣面額的大鈔，一下子把鈔票的面額拔高了 20 倍。1945 年的重慶已經是關金券滿天飛了。

（五）國民政府後期 (1945—1949)

國民政府後期是政治、經濟、金融、貨幣全面崩潰的時期。

1. 法幣崩潰

1945 年 8 月 15 日日本投降以後，國民政府的通貨膨脹並未因戰爭結束而停止。由於打內戰，必須維持龐大的軍隊，軍費支出有增無減，解決財政赤字的主要辦法仍然是增發法幣。從抗戰勝利的 1945 年 9 月至 1946 年 2 月的半年中，法幣發行額由 5,569 億元增至 12,612 億元，發行指數由 394.84 升至 864.19，均增加 1 倍以上。[18]1946 年 7 月內戰全面爆發後，軍費支出更是成倍增加，國民政府財政收支入不敷出的情況日趨嚴重。1946 年，政府支出增加了 3.2 倍，而在收入方面儘管還拋售了大量黃金、外滙和變賣没收的敵偽產業，仍然僅足以應付支出的 37%。1947 年，政府支出較 1946 年增長 5.7 倍，而收入則降到僅足以應付支出的 32%，這是因爲此時國民政府已停售黃金以及出售外滙和敵產的收入減少所致。1947 年，財政赤字幾達政府支出的 70%。1948 年，由於軍事開支達到國民政府總支出的 64%，財政情況更進一步惡化。[19]大量的財政赤字，最後落實到中央銀行爲國民政府墊款，而中央銀行的墊款主要靠增發鈔票。如下表：

（單位：百萬元法幣）

年　　份	財政赤字	銀行對政府墊款	鈔票增發數
1946 年	4,697,802	4,697,802	2,694,200
1947 年	29,329,512	29,329,512	29,462,400
1948 年 1—7 月	434,565,612	434,565,612	341,573,700

1946 年 1 月以後，中央銀行東北區分行所發行的巨額東北流通券(1946 年發行數爲 275.30 億元，1947 年爲 2,773 億元，1948 年 7 月爲 31,918 億元)也加重了中國的通貨膨脹。東北流通券是用來在東北的國民政府統治區恢復工農業的，同時也爲支付派駐東北的部隊的巨額軍費開支。東北流通券限在東北地區使用，比價爲 11.43 元法幣等於 1 元東北流通券。不久比價改爲十比一。[20]

1945 年起，法幣每月增發程度已超過 10% 以上。而 1947 年 9 月起，每月增發程度竟超過 20% 以上。到 1948 年 7 月，增發程度竟高達 91%，將近增發 1 倍。同期物價上漲速度更甚於貨幣發行速度。1946 年 12 月，法幣發行量爲抗戰前的 2,642 倍，而同期物價却上漲了 5,713 倍，爲前者的 2 倍；1947 年 12 月，法幣發行已爲抗戰前的 23,537 倍，同期物價則上漲 83,796 倍，爲前者的 3.5 倍；1948 年 8 月，法幣濫發更爲驚人，猛增到抗戰前的 47 萬倍，同期物價則暴漲 492 萬多倍，爲前者之 10 倍。[21]由於通貨膨脹加劇，物價飛騰，法幣壹萬圓面額的鈔票已不頂用，就多印壹仟圓、貳仟圓、伍仟圓面額關金券；1948 年 7 月，更連續推出壹萬圓、貳萬伍仟圓、伍萬圓、貳拾伍萬圓等超大面額關金券。貳拾伍萬圓的關金券，也就等於法幣伍佰萬圓面額的大鈔。法幣完全喪失了作爲貨幣的基本職能，實際上已處於崩潰的境地。

2. 金圓券的發行

1948 年 8 月 19 日，爲挽救財政及金融的嚴重危機，國民政府採取非常步驟，以總統命令方式，頒佈《財政經濟緊急處分令》，實施幣制改革，發行金圓券。具體內容包括以下四個方面：

(1) 以金圓爲本位幣，每元的法定含金量爲純金 0.222,17 克，由中央銀行發行十足準備的金圓券，發行總額以 20 億元爲限。

(2) 以前發行的法幣以 300 萬元兌換金圓券 1 元，關金券以 15 萬元兌換金圓券 1 元，東北九省流通券以 30 萬元兌換金圓券 1 元，收兌截止時間爲 1948 年 11 月 20 日。

(3) 私人不得持有黃金、白銀和外滙,限期收兌黃金、白銀、銀幣和外國幣券。個人存放國外的外滙資產必須進行登記。

(4) 凍結物價、凍結工資於 1948 年 8 月 19 日的水平。

從以上內容可以看出,這次幣制改革的真正用意,無非是要老百姓交出金銀外滙。據中央銀行統計,到 1948 年 10 月底止,全國被收兌黃金 165 萬兩,白銀 900 餘萬兩,銀元 2,300 萬元,美鈔、港幣各約數千萬元,合計共值 2 億美元。[22]其次,規定按一比三百萬比率收兌法幣,實際是變相發行大鈔。當時法幣發行額折合金圓券僅 2 億元,而現在規定金圓券的發行總額可達 20 億元,這就是說金圓券的發行至少比法幣增加 9 倍。

金圓券從 8 月 21 日開始發行,到 10 月初,僅僅經過四十天的時間便幣信掃地。上海市場出現搶購風潮,並很快波及全國各地。於是,國民政府不得不於 11 月初改"限價"為"議價"。所謂議價,實際上就是恢復自由漲價。11 月 11 日頒佈《修正金圓券發行辦法》,准許人民持有黃金、白銀和外滙,並宣佈金圓貶值 80%,即每元金圓的含金量由 0.222,17 克降為 0.044,434 克。黃金、白銀價格相應提高 4 倍,由原來 1 兩黃金兌金圓券 200 元提高到 1,000 元。修正辦法還規定,撤銷金圓券的發行限額。經此修正後,金圓券的發行猶如決堤之水,一瀉千里。至 1948 年 12 月,金圓券發行額已達 83.2 億元,為 8 月份 5.4 億元的 15 倍。1949 年上半年的發行額,更是月月猛增,達到瘋狂程度。計 1 月份為 208 億元,2 月份為 596 億元,3 月份為 1,960 億元,4 月份為 51,612 億元,5 月份為 679,458 億元,6 月份為 1,303,046 億元。與此同時,金圓券的面額亦水漲船高,越發越大。1949 年 3 月份發行伍佰圓券、壹仟圓券,4 月份發行伍仟圓券、壹萬圓券,伍萬圓券、拾萬圓券,5 月份發行伍拾萬圓券、壹佰萬圓券,最後還印製了伍佰萬圓券。這種超大面額的金圓券,實際價值極小。如 1949 年 5 月 21 日那天,上海白粳米每石(156 市斤)售價為金圓券 4.4 億元,以面值 100 萬元的金圓券計算須四百四十張。如果以實物來比較,每石米約有三百二十萬粒,則這一天購買一粒米的代價就等於抗戰前可購三千七百三十三萬石米的法幣。[23]金圓券與法幣一樣,完全喪失了作為貨幣的基本職能。

把持續十二年的通貨膨脹,即法幣階段和金圓券階段的發行額與物價指數串起來看,更可以說明法幣和金圓券的貶值程度。[24]

起訖年月	法幣、金圓券發行量(增發倍數)	上海物價指數(上漲倍數)
1937 年 6 月至 1948 年 8 月	470,704.4(法幣部份)	5,714,270.3
1948 年 8 月至 1949 年 5 月	307,124.3(金圓券部份)	6,441,361.5
1937 年 6 月至 1949 年 5 月	144,565,531,914.5(兩部份合計)	36,807,692,307,691.3

上表說明,從 1937 年 6 月至 1949 年 5 月止,國民政府的紙幣共增發了 1,445 億倍,同期上海的物價上漲了 36 萬億倍。何等驚人的天文數字,人民陷入了苦難的深淵!

3. 發行銀元券

1949 年夏季,國民政府已失去大半個中國。此時,在其仍然統治的省份,人們已拒用金圓券,而以銀元、銅元代替貨幣流通。7 月初,國民政府在廣州宣佈恢復銀本位,發行銀元券。接著,廣州、重慶兩地中央銀行印製了面額壹圓、伍圓、拾圓、伍拾圓、壹佰圓五種銀元兌換券及壹分、伍分、壹角、貳角、伍角五種銀元輔幣券,其中伍拾圓、壹佰圓券未發行。流通範圍很小,僅限於一隅之地,而且受到百姓甚至軍隊的拒用。時隔不久,銀元券成為國民政府發行的最後也是最短命的一種紙幣,從而結束了舊中國國家銀行發行紙幣的歷史。

二、民國時期地方銀行紙幣

民國時期地方銀行紙幣,是近代中國半殖民地半封建社會的產物,反映了那個時代政治上的四分五裂、經濟上的落後和幣制的紊亂。北洋政府時期,中央政府既無完整的鑄幣權,亦無統一的發鈔權。各省割據自立,都設有自己的發行銀行。濫發紙幣,貶值行使,遂成為各省普遍現象。國民政府時期,逐步統一了貨幣發行權,省區地方銀行的貨幣發行逐漸受到控制並一度停止。但個別地區仍有地方性銀元券的發行。

各省區地方銀行紙幣,就其發展的歷史而論,大體上可以分爲三個時期。

(一)軍政府時期 (1911—1912)

辛亥革命一聲炮響,推翻了清王朝的統治,各省紛紛獨立,成立軍政府。當時省府剛剛組建,費用浩繁,財政無着,遂以發行紙幣爲籌款方法,以濟燃眉之急。據 1913 年國民政府財政部調查:奉天、江蘇、安徽、黑龍江、直隸、貴州、山東、山西、浙江、四川、湖南、陝西、福建、新疆、吉林、廣西、湖北、甘肅、河南、廣東、雲南、江西、熱河等二十三個省共計發行銀元票 145,574,165 元。[25]各省之中,以武昌起義之地的湖北省發行最多,高達 3,000 萬元;其次是廣東省 2,200 萬元;發行額在 1,000 萬元以上的有黑龍江、江西、吉林、四川、湖南等省。同年,中國銀行的發行額爲 502 萬元,交通銀行的發行額爲 675 萬元,兩行加起來僅 1,177 萬元,不及省鈔的十分之一。

這一時期,各省發行的紙幣,有以下幾個特點:

1. 缺乏準備,幣值低落。當時能依面值行使者,僅皖、豫、晉、魯、閩、熱、冀等七省,其他如鄂、湘、粵、桂、贛、滇、新、陝、甘、浙及東三省等地,多按面值之一二成或三四成行使。據上海《時事滙報》1913 年第一號所載:"軍興以後,各省全恃紙幣爲收入之一種,濫發甚盛。民間以其無儲藏金也(按指準備金),不大信用,因之價格異常低落。如四川則不兌現;湖南則純發不兌換紙幣;廣東則假幣充斥,爲害尤烈;貴州則每元僅作三錢餘用。此外,安徽、江西諸省,情形大率相類。至於奉天、吉林,早已成爲紙幣世界。"[26]濫發之甚,幣值低落可見一斑。

2. 依仗軍政府權力,强制推行。此類鈔票,雖用銀行等名義發行,但大多印有軍政府或都督印章,有的甚至把都督人像印在上面,如贛省民國銀行鈔票上印有都督馬毓寶像。而更多的是把軍政府的告示印上,如貴州銀行發行的銀元券,背面印有都督府的告示,訂有"此項紙幣凡本省完納丁糧釐税及官款兵餉,商民交易,均一律通用,不得稍有留難等情,違者得立時稟明處罰"的條文。其他如湖南、江西、浙江、安徽、福建、廣東、雲南、陝西等省發行的鈔票上,也都印有類似的告示或通告。

3. 鈔票票面上一般印有辛亥革命標志。武昌起義,各省獨立後發行的紙幣上,大都印有"鐵血十八星旗"、"五色旗"、"醒獅圖"等鮮明的辛亥革命標志。如贛省銀行發行的銅元票上,印着"六醒獅"圖,由六隻覺醒的獅子組成,下面兩獅作搖尾起立狀,中間兩獅作雙目前視行走狀,上面兩獅作快速奔跑狀,生動地刻畫出覺醒了的"睡獅"歡快之狀與一往直前的大無畏氣概;贛省民國銀行的"九五錢票"上印有紅彤彤的"旭日東升圖",則象徵鼎革以後,國家如旭日東升,一片朝氣,等等,反映了這一時期的愛國思潮。同時,這一時期鈔票上的年號,也都改用黃帝紀元或民國紀元。

4. 此類鈔票大都由地方印刷公司承印。一般用證券紙或道林紙,在石印機上印刷,比較粗糙。鈔票式樣,除少數爲直型外,多數已改爲橫式的新型紙幣模式。

(二)北洋政府時期 (1913—1927)

1913 年討袁戰爭(即"二次革命")失敗,全國進入了以袁世凱爲首的北洋軍閥的黑暗統治時期。從 1913 年至 1927 年的十五年中,地方銀行紙幣,混亂無序,漫無限制,達於極點。在這段時間裏,中央政府腐敗無能,各省軍閥割據一方,自成獨立王國。如東三省的張作霖,山東的張宗昌,山西的閻錫山,雲南的唐繼堯,貴州的袁祖銘,湖南的譚延闓,廣西的陸榮廷,河南的吳佩孚,新疆的楊增新,四川的劉成勳、楊森等等,把各省地方銀行視作私庫,濫發紙幣就是他們籌措軍政費用的唯一辦法。當然,就全國而論,各省情況也不一樣,有的省份,受軍閥的蹂躪較輕,濫發的情況就少。茲將北洋政府統治時期,各省區發行紙幣的概況簡述如下:

湖北　武昌起義後,湖北軍政府接管了湖北官錢局,隨即大量發行銅元券等,發行額 1911 年 8 月爲 1,700 萬串,到 1926 年 2 月底已增至 9,179 萬餘串。[27]初發行時,錢票每串值銀 9 錢左右,後陸續下跌。1926 年 10 月,最後行市爲 3 錢 3 分至 4 錢。1926 年秋,國民革命軍攻克武漢後,湖北官錢局停業,大量錢票遂流散民間。後來發行公債低價收回,祇收回 3,915 萬串,尚有 3,900 萬串未收回。[28]

湖南　1912 年譚延闓任湖南都督後,將原湖南官錢局改組爲湖南銀行,隨即大量發行紙幣。至 1918 年 3 月,該行倒閉時,共發行銀兩票 609.56 萬兩、流通銀票 569.51 萬兩、銀元票 706.57 萬元、銅元票 7,125.94 萬串。[29]後均成爲廢紙。不久,軍閥張敬堯出任湖南督軍兼省長,創設裕湘銀行,發行銀元票 300 萬元、銅元票 600 萬串,由於回籠快,平時市面上流通的約有銀元票 70 萬元、銅元票 200 萬串。㉚1920 年 6 月,湖南人民掀起"驅張運動",張敬堯逃離湖南,裕湘銀行隨即倒閉,所發鈔票成爲廢紙。與此同時,由護法軍政府任命的湖南督軍譚延闓又在永州設立湖南銀行新幣經理處,大量發行大洋票(常洋)和小洋票(毫洋)。新幣經理處歷時二年零四個月,共發行 1,628,361 元,除先後收回截毀及各分處庫存外,流散在社會上的有 1,065,916.5 元,其中大洋票 634,069 元、小洋票 431,847.5 元。㉛

　　江蘇　1912 年在上海設立江蘇銀行,曾發行兌換券等 70 萬元,旋即停止發行,並將已發數陸續收回。

　　浙江　民國初年,曾由浙江銀行發行少量紙幣,後陸續收回。

　　安徽　民國初年,安徽省當局將原裕皖官錢局改組爲安徽中華銀行,發行面額壹圓、伍圓兩種兌換券。1913 年 6 月,該行因受戰爭影響停業,流散在社會上的兌換券有 30 餘萬元,後由省財政廳籌撥款項,交由安徽中國銀行分期兌回。1920 年在蚌埠設立安徽省銀行,發行一種面額伍圓的銀元券,1926 年舊安徽省政府倒臺,該行隨之關閉,所發鈔票成爲廢紙。

　　江西　1912 年春初,將原江西官銀錢總號改組爲贛省民國銀行,發行銀元券、九五錢票及銅元票等。截至 1915 年底止,三類鈔票總共發行折合銀元爲 430 餘萬元。㉜1916 年 4 月,該行停業,所發鈔票約有銀元券 20 餘萬元、錢票 100 餘萬串未收回。㉝1921 年後,北洋軍閥蔡成勳、鄧如琢等把持江西軍政,開設江西銀行、贛省銀行、贛垣公共銀行、江西官銀錢號等,濫發紙幣。1925 年,以上四個機構合併成立江西地方銀行,仍濫發不已。1926 年秋,北伐軍進攻江西時,鄧如琢下令江西地方銀行緊急發鈔 1,300 萬元,其中有 480 萬元鈔票上蓋有"復、興、隆"三字,後來這些鈔票一律作廢。

　　福建　軍政府時期設有中華福建銀號,發行臺伏票、小洋票各 40 餘萬元。1915 年,中華福建銀號改組爲福建銀行,開始發行大洋券。1922 年發生擠兌,旋即倒閉。所發鈔票 130 餘萬元,無法清理。

　　山東　1925 年 4 月,奉系軍閥張宗昌督魯,成立山東省銀行,隨即濫發紙幣。據 1927 年 6 月統計,共發行紙幣 2,300 餘萬元,其中省內發行約 1,300 萬元,省外發行 1,000 餘萬元。㉞張宗昌退出山東後,所發鈔票淪爲廢紙。

　　河南　辛亥革命後,河南省軍政府接管了原豫泉官銀錢局,多次發行銀元券和銅元票。截至 1920 年 12 月,銀元券流通額 337 萬餘元、銅元票流通額 92 萬餘串。㉟該官銀錢局所發鈔票,稱豫泉鈔,信用很差,基本上不能兌現,大部分鈔票後來流散於民間。1923 年直系軍閥吳佩孚任直魯豫三省巡閱副使後,將豫泉官銀錢局改組爲河南省銀行,隨即大量發行銀元券及銅元票。在該行 1926 年 4 月 2 日的資產負債表中,紙幣發行額爲 926 萬元,準備金全無,僅有庫存現金 1.5 萬元。吳佩孚失敗後,該行隨之倒閉,所發鈔票均成廢紙。

　　河北　1928 年前稱直隸省。辛亥革命前,已設有直隸省銀行。1913 年,北洋政府派高凌蔚爲該行督辦。1916 年開始發行紙幣,至 1924 年冬流通額爲 124.2 萬元。㊱1926 年至 1927 年間,該行爲軍閥諸玉璞控制,濫發銅元券 800 萬元、銀元券 1,000 萬元。㊲到 1927 年冬,北伐軍進逼華北,該行於 12 月初宣佈停兌,不久就告停業,所發鈔票成爲廢紙。

　　察哈爾　1916 年,田中玉任察哈爾都督時,創設察哈爾興業銀行,發行紙幣。發行數字一直未公佈,據 1923 年 6 月 25 日《銀行月刊》記載:"該行以 20 萬元資本,發行錢券達 140 萬之多";另據 1989 年版《張家口金融志》披露,該行 1921 年發鈔即達 70 萬元。

　　山西　山西是軍閥閻錫山長期盤踞的地方。1918 年他任山西省省長後,即將山西官錢局改組爲山西省銀行。隨即大量發行紙幣,稱爲晉鈔,不但行使於山西境內,而且擴展到綏遠、察哈爾等省份。晉鈔在這個地區廣泛流通,形成了獨立的金融體系,中國、交通兩行的鈔票在那裏也很難立足。據中央銀行調查,山西省銀行 1919 年至 1930 年 9 月底,紙幣發行額銀元券爲 47,014,409.40 元、銅元券爲 789,808.77 元,兩項合計爲 47,804,218.17 元。㊳閻錫山聯馮倒蔣失敗後,晉鈔遂跌至一折以下,終於變成廢紙。

　　綏遠　1919 年以前,尚無地方銀行紙幣流通。1920 年綏遠平市官錢局成立後,開始發行銅元票和銀元角票,1925 年增發銀元券。此類鈔票在 1927 年以前在市上流通與現洋無異,後受晉鈔影響,票價開始下跌,從八、九折跌至六、七折,最後更跌至四折以下。後另發新鈔,以舊鈔 1 元折新鈔 5 角收回。

　　東三省　包括奉天、吉林、黑龍江三省。是奉系軍閥張作霖的獨立王國。在三省分別設立金融機構,發行紙幣,爲其用兵籌餉的財源。奉天省的東三省官銀號發行的紙幣有大洋票、小洋票、滙兌券(俗稱奉票)。據奉天商業所調查,1917 年發行大洋票 481 萬元、小洋票 1,211 萬元,到 1927 年大洋票發行額爲 57,800 萬元,小洋票發行額爲 6,300 萬元。十年間,大洋票的發行增加 119.2 倍,小洋票也增加 4.2 倍。㊴同時奉票的幣值也不斷下跌。1920 年時,現大洋 100 元的行市爲奉票 133 元,1924 年跌至 194 元,1925 年又跌至 234 元,1926 年 2 月再跌至 270 元。㊽吉林省的吉林永衡官銀錢號,發行的紙幣有官帖、吉大洋票、吉小洋票、哈大洋票及銅元票。主要是官帖,作爲法定貨幣通用全省。1917 年,吉林官帖發行額爲 29,756 萬吊,至 1927 年增爲 650,500 萬吊,㊶增加了 20.9 倍;1916 年,1 銀元兌官帖 14 吊,至 1927 年 1 銀元可兌官帖 270 吊,㊷其幣值下降了 18.3 倍。黑龍江省的官銀號和廣信公司,發行的紙幣有官帖、哈大洋票、江大洋票、小洋票和銅元票,其中流通時間最長、行使最普遍的也是官帖。1918 年,黑龍江官帖的發行額爲 3.7 億吊,1927 年已增至 37 億吊,㊸增加了 9 倍。官帖價值已由 1920 年初的 27 吊 185 文換 1 銀元迅速突破了百吊大關,1925 年又翻番到 197 吊 250 文,㊹此後官帖的貶值幅度更大,到 1929 年間竟出現了 400 吊換 1 銀元的空前記録。

熱河　1917 年成立熱河興業銀行,1920 年開始發行大洋票(稱熱河票)。到 1923 年發行額爲 385 萬元。1924 年第二次直奉大戰期間,馮玉祥和米振標從該行強提 460 餘萬元充作軍費。㊺次年,熱河都統闞朝璽又攜大洋票 541 萬餘元出逃熱河,㊻從而使大洋票的發行額增加到 1926 年初的 1,023 萬元,幣值也急劇下跌。宋哲元主持熱河政務後,公開貶低大洋票價值,規定大洋票 3 元換大洋 1 元。1926 年 5 月,湯玉麟又貶爲六比一,後再貶至十五比一、二十比一。㊼

陝西　早在軍政府時期,已成立秦豐銀行和富秦錢局,前者發行主幣券,後者發行輔幣券。到 1914 年 10 月,秦豐銀行發行的銀兩票已達 326.9 萬兩,㊽因發行過多,無法兌現。1916 年,陳樹藩任陝西督軍兼省長時,改組秦豐銀行爲富秦銀行,富秦錢局亦歸其管理。富秦銀行發行的紙幣,時兌時停,常折扣行使。1927 年,馮玉祥主持陝政,在西安設立西北銀行分行(總行在張家口)。該行主要爲西北軍籌措軍餉,同時也代理陝西省庫和發行紙幣。西北銀行開始發行 200 餘萬元,後以軍費浩繁,大量印發,至無法兌現,被迫於 1929 年 5 月停業,所發鈔票大多流散於民間。

甘肅　1925 年國民軍入甘,9 月設立西北銀行甘肅省分行,同年 12 月又設蘭州分行,並添設了許多分支機構。西北銀行在甘肅極盛時,各分支機構所發紙幣總共達 350 萬元。馮玉祥反蔣失敗後,西北銀行在甘肅的機構關閉,鈔票停兌,所發紙幣流散民間。

寧夏　原屬甘肅省的一個道,1929 年 1 月才開始建省。長期以來,市面流通的貨幣主要是銅元和製錢。1925 年馮玉祥率國民軍入甘後,在寧夏設立西北銀行辦事處,發行西北銀行券,總數 100 餘萬元。國民軍撤離寧夏後,此項鈔票就成爲廢紙。

青海　1928 年從甘肅分出,開始建省。其時省內尚無金融機構,市上買賣都用現錢。

新疆　民國時期,新疆財政金融的基本特徵是:由於軍閥混戰,協餉斷絕,財源枯竭,收不抵支相差甚大,財政支出絕大部分用於軍費。統治者爲了維持軍政支出,主要是架空發行紙幣(當地人民稱爲"票子毛荒")。㊽1912 年至 1928 年是楊增新統治時期,當時新疆財政全賴紙幣維持。市面上流通的紙幣主要爲龍票(有大型老龍票、小型老龍票、伊犁龍票、大龍票等)和狗娃子票(票面圖像獅子被畫成狗樣,故稱)。前者爲主幣,面額紅錢肆佰文,合銀 1 兩;後者爲輔幣,面額紅錢壹佰文,合銀 2 錢 5 分。1917 年停印舊幣,發行新的省票,面額仍紅錢肆佰文和壹佰文兩種,後爲找零方便,又增發紅錢肆拾文合銀 1 錢的油布帖(一種用布以桐油浸漬做成的布幣)。據統計,1 兩票逾 3,000 萬兩,2 錢 5 分小票逾 300 萬兩,1 錢油布帖逾 50 萬兩,合計共 3,350 餘萬兩。當時的票價,每 300 兩換現銀 100 兩;國幣 100 元,合省票 260 餘兩,省票每兩僅抵現錢 30% 強。㊿

西藏　歷來通用銀幣和銅元。1912 年,西藏地方開始印製紙幣。面額用"章嘎"爲單位。1 章嘎等於藏銀 1 錢 5 分。計有 5 章嘎、10 章嘎、15 章嘎、25 章嘎、50 章嘎等五種面額,均用木刻印模手工印刷。1926 年開始用機器印製 50 章嘎套色紙幣。1937 年首次發行 100 兩面額的紙幣。從此以後,西藏地方所印發的紙幣,均以"兩"爲單位了。計有 5 兩、7 兩 5(50 章嘎)、10 兩、25 兩、100 兩五種面額,圖案精美,具有很高的工藝水平。

西康　西康比鄰西藏,一向使用藏洋硬幣。1938 年 7 月才由西康省銀行發行藏幣券 200 萬元(折合法幣 99.6 萬元),作爲推行法幣的過渡手段。流通期定爲三年,期滿由西康省銀行收回。

四川　四川是軍閥混戰的重災區。1919 年熊克武任四川聯軍總司令及督軍時,將軍隊劃分爲滇軍、黔軍、邊師、一師、四師、八師,分別劃地駐防,稱爲防區。從此四川建立了防區制。各防區內的軍政大權,均歸駐軍管轄。各防區都設立銀行,發行紙幣。列舉如下:(1) 聯軍楊森部,1923 年 3 月在重慶設立四川銀行,發行紙幣 80 萬元。同年 10 月,省軍攻入重慶,該行即倒閉,所發鈔票近半數流散在民間,成了廢紙。(2) 省軍劉成勳部,1923 年 9 月在成都設立四川官銀號,發行紙幣 295.5 萬元。1924 年 2 月,聯軍攻入成都,銀號關閉,所發鈔票,淪爲廢紙。(3) 省軍賴心輝部,1923 年 10 月攻入重慶後,設立重慶官銀號,發行大洋券 367 萬元、銅元票 12 萬串。同年 12 月,聯軍楊森部反攻,收復重慶,設立僅一個多月的官銀號隨之垮臺,所發鈔票又成爲廢紙。(4) 黔軍袁祖銘部,1923 年駐軍重慶時,設立四川官錢局,發行銅元票等約 300 萬串。1925 年袁祖銘被劉湘、楊森部隊驅走後,銅元票變成廢紙。(5)21 軍劉湘軍部,1922 年 6 月在重慶開設中和銀行,印製兌換券 320 萬元,陸續在防區內投放。後來中和銀行倒閉,流通中的紙幣 170 餘萬元,按七折兌銷。

雲南　1912 年 2 月成立的富滇銀行,成爲軍閥唐繼堯的發鈔工具。1916 年,唐繼堯借護國戰爭之機,想以武力圖川,因而軍費大增,又靠發行紙幣彌補財政,紙幣價值大落。1921 年,顧品珍、金漢鼎回滇逐唐,執掌滇政,對富滇紙幣進行整理。第二年,唐繼堯二次回滇掌權,更是用兵不斷,富滇銀行又大發紙幣。據調查,富滇銀行 1913 年的紙幣發行額爲 60 萬元,到 1926 年底已高達 3,860 萬元,到 1929 年更高達 7,740 萬元,十六年間增加了 128 倍。由於發行過度,幣值不斷下跌。1922 年,紙幣每 100 元換銀幣 98 元,1923 年至 1926 年祇能換 40 元。於是,雲南省政府宣佈該行紙幣折扣行使,"先是宣佈三抵一,以富紙三元,抵半開一元,繼又改爲五抵一"。[51]

貴州　辛亥革命後,滇軍將領唐繼堯任貴州都督,設立貴州銀行。從 1912 年 9 月至 1914 年 6 月,先後印製"貴州銀行兌換券"(又名"黔幣",俗稱"花票")兩批,總共 300 萬元,强制規定與銀元等價行使。截至 1918 年 5 月該行停業爲止,在市繼續流通部分約爲 2,596,476 元。[52]1923 年 5 月,唐繼堯之弟唐繼虞任貴州省省長期內,另發行新黔幣 120 萬元,以之收回舊黔幣。連同前發舊黔幣總共約爲 420 萬元,其後收回銷毀 226.8 萬餘元。1925 年初,滇軍撤離,彭漢章接任省長,公開宣佈停止使用新舊滇幣,仍有 180 餘萬至 200 萬元流散在民間,遺害百姓。[53]

廣東　1917 年至 1922 年的六年間,是桂系軍閥岑春煊、陸榮廷統治廣東的時期。1917 年 5 月,將原廣東官銀錢局改組爲廣東地方實業銀行,曾發行少量紙幣。1920 年 8 月成立廣東省銀行,嗣因政局變化,於同年 12 月改名爲省立廣東銀行。隨即大量發行兌換券,不久發行額就達 3,000 餘萬元。於是信用大跌,於 1922 年 4 月發生擠兌。1923 年 9 月設立整理省行紙幣委員會,進行整理,未獲成功。幣價跌至一成餘,終於無法維持,該行於 1924 年 8 月宣告停業。所發鈔票 3,200 萬元,全未收回。[54]

廣西　民國初年,陸榮廷任廣西都督,將前廣西官銀錢局改組爲廣西銀行,利用這個機構作爲籌餉的工具。陸榮廷在廣西統治十年之久,通過廣西銀行發行的各種紙幣共 2,540 萬元,連同沿用清末廣西銀行已印就移交的 313 萬元,合計 2,853 萬元。陸下臺後,成爲一文不值的廢紙。人們一提起"陸榮廷紙幣",無不深惡痛絕。[55]

北洋政府時期,各省地方銀行紙幣的特點主要是:

第一,紙幣流通區域的極度分割。各省軍閥各自爲政發行紙幣,形成了許多大大小小的貨幣畛域。甲省發行的紙幣不能流通於乙省,乙省發行的也不能流通於甲省。甚至在一個省份內,各防區的軍事當局也發行紙幣,相互之間不能流通。這種人爲的經濟壁壘,不但增加了幣制的不統一,而且使過往商賈蒙受重大損失,給物資交流設置了障礙,嚴重影響了商品經濟的發展。

第二,紙幣種類的凌雜和各種貨幣單位的參差與不確定。紙幣種類除一般的銀兩券、銀元券、銅元券和錢票外,還有財政維持券、金庫券、省庫券、軍用票、流通券、滙兌券、存款券、憑票、官帖、執帖等等。貨幣單位除兩、元外,還有大洋、小洋、毫洋、半開等。此外,還有東三省的現大洋票、哈大洋票、江大洋票、永大洋票、奉天大洋票、十二大洋票;廣東的銀毫券;廣西的輔幣流通券;新疆的紅錢票、銀票、期票、油布帖;西藏地方的章嘎票;西康的藏幣券;福建的臺伏票等等。這種雜亂的貨幣現象,爲世界各國所罕見,對商品的正常流通危害極大。

第三,紙幣幣值的極度不穩定性。軍閥控制下的各省區地方銀行紙幣,不同於一般商業銀行兌換券。既無發行準備金制度,又無確實的兌現許諾,純粹是依仗軍閥的勢力强迫行使的。故在這些紙幣出籠時,就已蘊藏着不穩定的因素。隨着漫無限制的發行,鈔券充斥市場,幣值一落千丈。在這種情況下,即使曾經承諾過兌現的,也都食言了;或者,繼續玩弄什麼"延期兌現"、"抽簽兌現"、"折扣兌現"、"以新換舊"等手法欺騙人民。當某一軍閥倒臺後,他所發行的鈔票就成爲一文不值的廢紙。身受其害者,惟當地的老百姓耳。他們辛勞終生,所得的一點微薄積蓄,均化爲烏有。從 1912 年至 1926 年的十五年間,停業關閉的省地方銀行不下三十餘家,他們所發行的紙幣據不完全統計在 1 億元以上。人民財產受紙幣貶值以至成爲廢紙而遭破產者,爲數不知凡幾。

第四,紙幣印製技術改進,並出現了奇特的"加蓋票"現象。從總體上說,這一時期省區地方銀行紙幣的印製技術已從在石印機上印製,發展到在機器上印刷的新工藝。並且較多是在財政部印刷局、商務印書館、大東書局等正規印刷所印製,部份也由外國印鈔公司承印。所以,紙幣質量一般比較好。當然,也有不好的,如湖南銀行發行的鈔票,印刷業務被長沙印刷商所包攬,質量低劣,假票叢生;又如貴州銀行,在唐繼虞任貴州軍事善後督辦兼省長時發行的一批黔幣,因印刷不好,票面很快模糊不清,市面降至五折行使。這一時期的紙幣,還有一個特點是,改印票、加蓋票很多。前者是借用過去某一銀行印就未發的票子改印行名後,作爲本行的鈔票來發行,如天津官銀號的鈔票改印直隸省銀行,富豐錢局的紙幣改印爲國民軍金融流通券,西北銀行的紙幣改印爲富隴銀行紙幣等等;後者是在原來發行過的鈔票上加蓋圖章重新發行,如1924年貴州銀行曾將民國初年所發部份黔幣右側黏貼附張,附張上加蓋"貴州省長"、"貴州軍事善後督辦"、"貴州財政司章"及"總商會章"四顆印記,重新加以發行。此項鈔票因貼有附張,故人們稱之爲"尾巴票"。此外,還有所謂"加章黔幣"、"墨戳黔幣"等等。"改印票"、"加蓋票"的不斷出現,反映了軍閥們急欲掠奪財富的一種心態。因爲在舊的紙幣上改印、加章,要比添印新的紙幣省時、省錢、省力得多。

自辛亥革命以來,各省濫發紙幣漫無限制,當時的北洋政府,亦曾想加以整理。1913年2月,財政部擬訂了《整理各省官發紙幣法案》,計十三條。其主要精神:(1)各省現在通用之官發紙幣,一律停止增加發行,其已發數目,應由發行機關詳細報部存案,並將票版繳銷。(2)各省官發之紙幣,依照本法由政府直接整理,其債務由中央與地方各任其所發紙幣金額之半數。(3)各省官發之紙幣,經官收入後,酌量分期陸續注銷。其收回辦法分爲三項,甲、以民國元年六釐公債票及地方公債票收回之,乙、以中國銀行兌換券收回之,丙、以紙幣完納租稅時收回之。(4)整理紙幣詳細程序及陸續銷却數目,由財政部總長或受委任之相當官員定之。但是,這個《法案》僅擬議而已,並未見諸行動。1914年,政府設立幣制委員會,草擬計劃,命令各省着手整理。廣東全部收回官發之紙幣;吉林、江西、四川、陝西四省收回一部份,以資金不足而中止。1915年,北洋政府公佈《取締紙幣條例》,並擬再次整理各省紙幣,特令幣制委員會計劃整理方法,決定各省籌集收回紙幣資金如下:湖南、湖北、四川、吉林、奉天、黑龍江各省,以借款充之;江西、山東、山西,變賣官產充之;直隸、安徽、河南、江蘇,由地方稅收入中支出之;甘肅、新疆,以鹽稅收入之剩餘充之。這個計劃原定自同年11月起開始整理,但此時正值袁世凱宣佈稱帝前夜,政府要員集全力於洪憲帝制,無暇顧及此事。此項計劃,終未實行。1920年,北洋政府公佈《修正取締紙幣條例》,重又提出了以下整頓措施:(1)本條例頒行後,凡新設之銀錢行號或現已設立、向未發行紙幣者,皆不得發行。(2)本條例頒行以前設立之銀錢行號,其發行紙幣,業經財政部依法令核准有案者,仍准發行,但以後不准逾額增發。前項發行紙幣之銀錢行號,其原定有營業年限者,限滿應將所發紙幣全數收回,不得延長年限,其無營業年限者,由幣制局暨財政部得定期限令收回所發紙幣。(3)本條例頒行以前設立之銀錢行號,其發行紙幣並未經財政部依法令核准有案者,應自本條例頒佈之日起,六個月以內,呈由地方官查明發行數目及準備金後,轉報幣制局暨財政部核定發行數目,暫准發行。惟幣制局暨財政部得隨時定期限令收回。(4)本條例未經頒行以前,有非銀錢行號發行紙幣者,限至本條例頒行後一年以內,全數收回。(5)各銀錢行號依法發行紙幣,應負隨時兌現之責。前項紙幣至少須有六成現款準備,其餘得以政府發行之正式公債票,作爲準備。這個條例6月底公佈,7月即發生直皖戰爭,各省紙幣,又無法整理,條例所定,終於再次成爲一紙空文。

在北洋政府統治時期,連年軍閥混戰,社會經濟遭到嚴重破壞,直接受戰禍之害的地區達九省之多,人民生命財產蒙受慘痛的摧殘和掠奪。另一方面,沿海地區也在緩慢發展,特別在第一次世界大戰期間,西方列強暫時無力東顧,使中國的民族工業得到了一個發展的機會。與此相適應,新式的金融事業也有了長足的進步。中國、交通兩大銀行的兌換券,不但廣泛流通於經濟發達地區,而且逐漸深入到內地省份,雖然遭到了該省地方勢力的抵制。在經濟最發達的江浙地區,中、交兩行鈔票在市場上已得到人們認同而成爲主要的流通手段,地方鈔券的發行和流通受到制約。浙江銀行早在1915年就與中國銀行訂立領券合同,而把該行自己發行的紙幣收回。江蘇銀行於1929年1月被撤銷發行權時,實際上該行早已停止發行,當時流通在外的紙幣僅數百元,不過是一個尾數。江浙兩省地方紙幣發行較少,收回也最早,主要是商品經濟發達的結果。

(三)國民政府時期(1927—1949)

在國民政府統治的二十二年中,省區地方銀行紙幣的發行情況可以分爲四個階段。

第一階段。自南京國民政府成立訖法幣政策實施以前,基本是北洋政府時期那種混亂局面的延續。地方割據依然嚴重,軍閥混戰有增無減,所不同的是新軍閥代替了舊軍閥。這些新掌握地方政權的人,爲了鞏固和擴大自己的地盤,仍然濫發紙幣。這一時期發行紙幣的地方銀行,據統計有河北省銀行、山西省銀行、河南農工銀行、江西裕民銀行、江蘇農民銀行、浙江地方銀行、湖北省銀行、湖南省銀行、江西建設銀行、廣東省銀行、福建省銀行、四川省銀行、陝西省銀行、寧夏省銀行、新疆省銀行、山東民生銀行、富滇新銀行、安徽地方銀行、廣西省銀行,以及甘肅平市官錢局、綏遠平市官錢局等。根據廣東省銀行等十五家銀行的統計,1934年的發行額爲11,747萬元[56]。

與此同時,國民政府財政當局對省地銀行的發行紙幣,逐漸採取了一些限制和管理措施。如: (1) 1927 年前所有特許發行之各省地方銀行,均於補請注册時經財政部分別查核,其業經發行、尚無濫發情形者,仍予暫照成案辦理,若尚未發行,則概不予照准。(2) 撤銷江蘇銀行發行權以爲倡導。(3)1935 年 3 月公佈《設立省銀行或地方銀行及領用或發行兑换券暫行辦法》,計十三條。規定省地方銀行不得發行壹圓及壹圓以上兑换券,但爲充裕省地方銀行籌碼,以便調劑農村金融,呈請財政部核准後,可發行壹圓以下各種輔幣券。但是,這些限制,在中央政府勢力達不到的省份,是不可能實行的。

第二階段。法幣政策實施以後,對省地銀行的發鈔,規定了三項辦法: (1) 省銀行發行之鈔券,應以 1935 年 11 月 3 日之流通額爲限,此外不得續有發行;(2) 已印未發、已發收回之新舊各券,即日由當地中央、中國、交通三行(後又增加中國農民銀行),會同點收封存,負責保管;(3) 現在流通鈔券之現金準備暨保證準備,並應趕速由中央、中國、交通三行(後又包括中國農民銀行)會同分別點驗查存,列表報部,以憑核辦。並先後指定中央銀行辦理河南農工銀行、湖南省銀行、陝西省銀行等行發行接收事宜;中國銀行辦理浙江地方銀行發行接收事宜;交通銀行辦理湖北省銀行發行接收事宜;中國農民銀行辦理其餘各省省銀行或類似省銀行的發行接收事宜。但是,接收工作遭到了部份地方當局的抵制。廣東的陳濟棠,廣西的李宗仁、白崇禧,雲南的龍雲均以情況特殊爲由,拒絕接受中央命令。後來經過討價還價,廣東的毫券與廣西的桂幣,才於 1937 年 7 月與 11 月先後由財政部派員整理(1937 年 7 月 6 日訂《粵省毫券折合國幣比率並實施辦法》四條,同年 11 月 1 日訂《整理桂幣辦法》六條),規定各該券與法幣比率: 毫券 1 元合法幣 0.6944 元,桂幣 1 元合法幣 0.50 元,准其照舊行使,其發行準備金悉數移存發行準備管理委員會廣州分會與廣西分會保管。至於雲南的滇幣,經過一年多的幕後商談,最後商定新滇幣以二比一的比率與法幣掛鈎,作爲法幣的輔幣,同時在雲南行使。至此,除新疆、西藏及被日本侵佔的臺灣與東北地區外,全國基本上已統一使用法幣,各省地方銀行紙幣,已成爲法幣的地區性輔幣。

第三階段。1937 年 7 月 7 日抗日戰爭全面爆發以後,戰區逐漸擴大,各省地方銀行爲發展農村經濟及搶購戰區物資,紛紛呈請財政部增發壹圓券及輔幣券,以資應用。政府爲抵制敵僞經濟侵略,防止其利用僞鈔吸收法幣,套我外匯,亦擬在淪陷區域推行省鈔,以代法幣行使。1939 年 3 月,第二次地方金融會議議定: 戰區省地方銀行有發行壹圓券或輔幣券之必要者,應先擬具運用計劃暨發行數目,呈請財政部核准發行,以應戰地需要,其行使範圍僅限於戰區,不得在後方行用。1940 年 5 月,財政部又公佈《管理各省省銀行或地方銀行發行壹圓券及輔幣券辦法》十五條,對省地銀行發行紙幣重新整理,在該辦法推行三個月內,對省地銀行發行額等進行審核,並增加省鈔發行。同時又規定《各省省銀行或地方銀行舊有發行鈔券整理辦法》三條,以鞏固省鈔信用。這一時期核准發行的有蘇、浙、閩、皖、贛、鄂、湘、桂、粵、川、康、陝、甘、豫、晋、冀、綏等十餘省地方銀行。截至 1941 年 11 月底止,經財政部核准印刷之省鈔總額爲 89,600 萬餘元,其實際發行流通數額爲 42,734 萬餘元[57]。1942 年 7 月 1 日紙幣發行權統歸中央銀行後,規定各省省鈔皆由央行接收。從此以後,省地銀行的紙幣就被法幣限期收兑而停止流通。

第四階段。1949 年 4 月,中國人民解放軍渡過長江,解放了南京、上海、杭州等地。各地金圓券已普遍遭到拒用。其時,內地各省最普遍流行者,則爲舊鑄之銀元;通商大埠除銀元外,尚以美鈔、港幣等幣代之;各種舊有銅鎳輔幣亦隨時隨地作價爲流通之籌碼,甚至各商店、各學校亦多以紙片記數,加戳以代籌碼,紊亂現象達於極點。1949 年 7 月,國民政府在廣州宣佈由中央銀行發行銀元券代替金圓券流通。一部份省份,在地方軍政長官的命令下,亦開始發行地方性的銀元券。計有: 浙江省銀行、湖南省銀行、福建省銀行、江西省銀行、陝西省銀行、貴州省銀行、雲南省銀行、甘肅省銀行、寧夏省銀行、綏遠省銀行、青海省銀行、青海實業銀行、西康省銀行、四川省銀行、新疆省銀行、廣東省銀行和海南銀行等。這些省地銀行發行的銀元券,普遍遭到人民的抵制,或拒用,或加折扣行使,其折扣率甚有低至二三成者,並很快淪爲廢紙。

在國民政府統治時期,經過各方面的努力,各省地方紙幣的發行逐步趨於穩定和統一,惟新疆地方紙幣的發行仍長期處於極其混亂和複雜的局面。1928 年 7 月,楊增新被刺身亡,國民政府任命金樹仁爲代理新疆省政府主席。金在新疆的統治時期較短,但濫發紙幣的情況已現端倪,其發行紙幣的面額,已出現叁兩、伍兩的大票。1933 年 4 月,新疆發生了推翻金樹仁的政變後,國民政府任命盛世才爲新疆督辦。盛上臺後,即大量發行石印拾兩、伍拾兩省票,並用新疆省銀行名義,發行伍佰兩期票一種,一度流通市面。抗日戰爭爆發後,盛世才一度邀請毛澤民爲代理新疆省財政廳長。毛主持新疆財經工作後,即進行了一系列改革措施,如實行廢兩改元,貨幣發行權由財政轉爲銀行,改組新疆省銀行爲新疆商業銀行,授權該行發行紙幣等。1939 年 2 月,首批新省幣正式出臺,主幣有壹圓、叁圓、伍圓、拾圓四種，輔幣有壹分、貳分、伍分、壹角、貳角、伍角六種，總的發行額為1,000萬元。結束了長期以來新疆幣制的混亂局面。但好景不長，1941年後，情況發生突變，毛澤民被盛世才秘密殺害，新疆財政金融又開始混亂，紙幣發行急劇上升，到1944年12月11日止，累計發行數已達11.51億元。[58]是年秋，國民政府調盛世才為農林部長，派吳忠信為新疆省政府主席。從此，中央政府直接插手新疆的貨幣金融，而通貨膨脹也就迅速惡化。至1949年6月，省票的發行額達到了657,216,249億元的天文數字，[59]最大面額為陸拾億圓。於是，新疆省政府不得不宣佈停止使用省幣，改發銀元券。以上是新疆省幣的情況。此外，還有為數眾多的省內地區政府發行的紙幣。主要有：(1)流通於喀什、和闐一帶的喀票；(2)流通於伊犁一府二縣的伊帖；(3)流通於塔城境內的塔帖；(4)流通於阿爾泰特別區的阿爾泰通用銀券；(5)甘肅軍閥馬仲英佔領吐魯番、奇臺時發行的期票和流通券；(6)三區臨時革命政府在伊犁、塔城、阿爾泰三區發行的紙幣等。

三、民國時期軍用票

自辛亥革命成功，建立中華民國起，到三十年代末這二十多年間，發行各種帶强制使用性質的軍用票為數很多。這是中國近現代貨幣史上一個特有的現象。

這種現象的產生同新舊軍閥的存在是分不開的。軍閥的存在是國內戰爭的根源之一，而戰爭又是濫發軍用票的主要原因。各地軍閥代表和各地區的封建勢力，在各自不同背景的帝國主義的庇蔭和支持下，各樹派系，擁兵爭霸，割據稱雄，必然導致彼此間的混戰。為了提供龐大的軍費開支，補救財政困難，剝奪人民的財富，就要爭相發行無準備金、實際上不兌現的軍用票。各軍閥派系及其濫發軍用票，是近代中國淪為半殖民地半封建社會的產物。

辛亥革命一勝利，就受到從小站練兵起家、在清末掌握軍事大權的袁世凱的威脅。當時民國軍政府和南京臨時政府為應付以袁世凱為首的北洋軍閥的軍事挑釁，發行了各種軍用票。在孫中山籌劃北伐戰爭和北伐戰爭時期，為了保證戰爭的勝利也發行了軍用票。這種軍用票的性質同軍閥發行的軍用票是根本不同的，但同樣都是研究中國近現代史，特別是民國戰爭史、軍閥史的寶貴資料。

民國時期發行軍用票有四次高潮：

第一次高潮，在辛亥革命時期。武昌起義後，各省紛紛獨立，成立軍政府。由於軍用浩繁，財政無着，軍政府成立後大多發行軍用票，以濟燃眉之急。據統計，湖北省軍政府發行有中華民國商民銀票，四川省軍政府發行有大漢四川軍政府軍用銀票，山西省軍政府發行有大漢銀行暫行軍用手票、大漢銀行軍用票，陝西省軍政府發行有秦隴復漢軍軍用銀票，浙江省軍政府發行有浙江軍政府軍用票、浙江軍用票，滬軍都督府發行有中華民國軍用鈔票，安徽省軍政府發行有安徽中華銀行軍用票、皖蕪軍政分府理財部軍用鈔票，江西省軍政府發行有贛省民國銀行軍用票，廣東省軍政府發行有中華民國粵省軍政府通用銀票，等等。以上各省軍政府發行的軍用票，除個別的如贛省民國銀行軍用票不能兌現外，其餘都陸續收回。

1912年1月1日，中華民國臨時政府在南京成立。由於財政困難，也發行三種軍用票：一為中華民國軍用鈔票，面額分壹元、伍元兩種，由中央財政部擔保發行；二為中華民國南京軍用鈔票，面額為壹元，由中央財政部擔保發行，發行總額以100萬元為限；三為中華民國臨時政府陸軍部軍事用票，由陸軍部發行，面額有壹圓、伍圓兩種。以上三種軍用票共500萬元，後來均歸中國銀行收兌。同年10月已基本收回。[60]

第二次高潮，在護國軍通電討袁以後。1915年12月，蔡鍔、唐繼堯等在雲南組織護國軍，討伐袁世凱。各省紛起響應，相繼組織了討袁軍隊。為了籌餉，發行軍用票，主要有：雲南靖國軍軍用銀行兌換券、山東護園軍軍用手票、滇粵桂援贛聯軍軍用票等。1916年6月6日，袁世凱病死後，討袁戰爭停止，這些軍用票也就不再使用。

第三次高潮，在北洋軍閥混戰時期。袁世凱死後，加劇了封建軍閥的分化。他們各自形成了一定的勢力，長期維持武裝割據的局面，互相爭奪，戰亂不已。為了解決其龐大的軍費開支，除設立銀行，濫發紙幣外，還發行各種軍用票。據統計，自1917年至1927年這十一年中，各路軍閥發行的軍用票有：張敬堯(皖系)在湖南發行的現銅圓貳拾枚軍用兌換券，陸建章(直系)在安徽發行的安徽全省軍用票，吳佩孚(直系)在河南發行的河南省銀行臨時軍用票、1925年10月在漢口任十四省討奉聯軍總司令時發行的軍需滙兑局兑换券,張作霖(奉系)在東三省發行的東三省軍用票、鎮威第三四方面軍團兵站庫券,馮玉祥(西北軍系)1924 年在北京任國民軍聯軍總司令時發行的國民軍聯軍軍用票、1926年在陝西發行的國民軍金融流通券,孫傳芳(新直系)1926 年任五省聯軍總司令時在江西發行的江西財政廳有利流通券,張宗昌(奉系)在山東發行的直魯省軍用券、山東省軍用票,陸榮廷等(桂系)在廣西發行的耀武上將軍督理廣西軍務券、廣西邊防督辦軍務券,等等。以上這些軍用票,善後情況,大多不好。

第四次高潮,在北伐戰爭前後。1923 年 3 月 2 日,孫中山在廣州成立大元帥府大本營,積極籌劃北伐。那年 1 月,國民革命軍回粤討伐陳炯明,在廣州的革命民衆也紛紛起來討逆,陳炯明見大勢已去,倉惶逃出廣州,革命軍收復廣東。當時,由大本營度支處呈准發行大本營度支處軍用鈔票,面額爲伍角一種,並注明各省通用。同年,大本營爲籌集北伐軍費,還發行廣東省金庫券(大本營軍用票),面額有壹圓、伍圓、拾圓三種。1926 年 7 月,國民革命軍開始從廣東出師北伐。爲籌集軍費,先後發行中央銀行臨時兑換券、國民革命軍總司令部軍需券、湘贛桂通用券、湘贛桂三省通用券、鄂湘贛三省通用大洋券(後三種是在廣州中央銀行民國十二年券上加蓋,已列入中央銀行紙幣圖版内)。以上軍用票,北伐後已全部收回。

北伐戰爭結束不久,爆發了閻錫山、馮玉祥、李宗仁等反對蔣介石的中原大戰。在大戰期間,閻錫山發行了 600 萬中華民國陸海空軍總司令部戰時通用票;馮玉祥發行了貳角、壹圓、伍圓、拾圓四種軍用票券(用西北銀行民國十六年或十七年券加印);李宗仁發行了粤、桂、湘、鄂、贛、蘇、浙、皖大洋兑換券(用舊廣西省銀行民國十五年券加蓋),作爲軍用券,以解決軍需。大戰結果以閻、馮的失敗而告終,此項軍用票遂流散於民間,成爲廢紙。

總括起來,民國軍用票有如下幾個特點:

1. 過渡性。軍用票的發行,一般都在軍政府成立伊始,財政無着,作爲臨時救急之用。及至財政金融秩序恢復,遂停止發行,並予收回。

2. 緊迫性。軍用票大多是在軍事緊急狀態下發行的,時間緊迫,來不及通過正常的金融機構發行正規的紙幣。因此印製都比較簡單、粗糙,很多是利用舊的銀行券加蓋、加印"軍用票"等字樣而成。

3. 地域性。軍用票的流通都有一定的地域,離開了這個地區就不能使用。如北伐戰爭時,國民革命軍總司令部發行的湘贛桂通用券,祇能在指定的三省内使用;張宗昌發行的山東省軍用票,也祇能在他的勢力範圍内流通。

4. 時間性。軍用票的流通有一定期限,一般都隨着軍事行動的結束而停止使用。如滇粤桂援贛聯軍軍用票是護國討袁戰爭時發行的,當袁世凱死後,討袁戰爭停止,這種軍用票就不再使用。

5. 融資性。軍用票一般没有準備金,也非隨時可以兑現,要等到一定時間以後才陸續收回。這實際上是向老百姓的一種借貸、一種融資,一旦軍政府倒臺或軍事失敗,他們就賴帳而成爲廣大人民的損失。

以上特點,構成民國軍用票的複雜性。雖然在整個民國紙幣中,軍用票所佔的比重很小,但作爲民國紙幣的一個分支、一個變種,有它一定的歷史作用,是研究近現代史,特別是民國戰爭史、軍閥史的重要資料。

最後,還應該提到東北民衆奮起抗日所發行的軍用票以及蘇聯紅軍司令部在中國東北地區發行的紅軍票。1931 年九一八事變後,日本關東軍侵占東三省,東北人民紛紛組織義勇軍、救國軍、自衛軍、救國會等,以游擊戰抵抗日軍侵略。爲籌募游擊區軍需,曾發行了一些軍用票,其中有遼寧民衆救國會發行的軍用流通債券,該債券以東三省官銀號及各縣農商貸款爲基金,發行信用甚佳。1945 年 8 月 8 日,蘇聯對日本宣戰,蘇聯紅軍進入中國東北地區,發行紅軍司令部軍用票。8 月 15 日,日本無條件投降。是年冬,國民政府和蘇聯簽訂條約,規定由國民政府負責收回該軍用票。

四、結 束 語

民國時期貨幣,總的説來,自辛亥革命至國民政府實行法幣政策前的一段時間裏,基本上是清朝末年那種混亂複雜局面的延續,没有改變其半殖民地、半封建的性質。在此期間,貨幣方面在朝着兩個不同的方向發展。一方面,政治上的軍閥割據與四分五裂,使得貨幣流通更趨複雜與混亂;另一方面,經濟的發展則要求幣制的簡化與統一。基於經濟上的需要,貨幣流通在紊亂之中產生了兩種進步的現象,一是銀元的逐漸普及;二是現代銀行紙幣信用的建立與推廣,尤其是國家銀行發行的紙幣,逐漸爲國人所廣泛接受。

政治秩序的敗壞造成幣制的紊亂,經濟的發展則要求幣制的簡化與統一。這兩種形勢,不但對立,而且處於互相轉化的狀態中。國民政府成立以後,爲了加強對金融的控制,成立了中央銀行,改組了中國銀行和交通銀行,添設了中國農民銀行,形成了一個以中央銀行爲首的國家壟斷資本的金融體系,大大增強了結束國內貨幣紛亂狀況及統一幣制的能力,並迫切需要整頓幣制以加強貨幣發行的壟斷。同時,三十年代初的世界性經濟危機,與隨之而來的白銀巨額外流所造成的中國 1934 年至 1935 年的嚴重金融危機,也迫使國民政府當局不得不採取斷然措施,以挽救當時的金融危機,結果乃有 1935 年法幣政策的實施。所以,法幣政策可說是政治和經濟兩種形勢和力量相結合的結果。⑥

法幣制度標志着中國的貨幣制度向前邁進了一大步,一是確立了紙幣流通制度,二是貨幣開始由國家銀行集中發行。從短期效果來看,對於當時的經濟復蘇起了積極作用。法幣政策實施一年以後的 1936 年,國民生產總值比 1935 年增加 22 億元,增長 9.3%;進出口貿易額比同期增長 10.2%,其中進口增長 2.5%,出口增長 22.6%;⑥民族工業普遍走出了困境並獲得復蘇。

但是,從根本上說,法幣制度存在着嚴重的缺點。首先法幣本身沒有法定含金量,它的價值須由外滙來表示。先是按五年來中國貨幣對英鎊的平均滙價,規定法幣 1 元合英國貨幣 1 先令 2 便士半的滙率,緊緊地與英鎊相聯繫;後來,在美國停止在倫敦購銀的巨大壓力下,向美國屈膝求救,要求美國收購白銀,以換得的外滙存在紐約爲條件。於是,法幣既聯繫英鎊,又依附美元,成了英、美兩國貨幣的附庸,喪失了中國貨幣的獨立自主性。從而使英、美帝國主義能進一步掌握中國的經濟命脉,對中國進行資本輸出、傾銷商品、掠奪原料等。其次,法幣政策爲國民政府壟斷貨幣發行創造了條件。它可以運用權力,通過發行紙幣集中大量社會貨幣資本,從而全面地壟斷財政金融以至全國的經濟命脉。"所謂國家銀行的增資,或國家銀行對於私人銀行的加股,也是靠發行貨幣,由於發行貨幣比較其他任何征斂方式容易,又進而不惜任意膨大財政的支出,爲擴大買辦官僚資本創造機會和條件,這樣使貨幣的財政性格愈來愈明顯了。"⑥最後,一個健全的貨幣制度,必須建立在一個强大與超然的中央銀行之上,這個中央銀行必須發揮"銀行之銀行"的重要功能。但是,無論戰前、戰時或戰後,舊中國的中央銀行可以說完全沒有發揮這些功能,所謂"銀行之銀行",祇是徒有虛名而已。並且,這個中央銀行一直不能脫離財政部的控制而獨立,其發行鈔票的功能,日後成爲彌補財政赤字的乞靈機,終於釀成戰後的惡性通貨膨脹。1935 年建立的法幣制度,至 1948 年 8 月就徹底崩潰了。

法幣崩潰以後,國民政府當局仍用通貨膨脹的方法來解決通貨膨脹,實行所謂幣制改革,發行金圓券。實際上,是以行政權力發行比法幣面額大 300 萬倍的大鈔而已。這個沒有任何準備的紙幣,當然更不能維持長久,僅僅十個月就告破産了。

國民政府堅持內戰、獨裁、通貨膨脹等錯誤政策,是造成金融財政危機的根本原因。1948 年 8 月 19 日發行金圓券以代替法幣的所謂幣制改革,使人民受到極大的損失,連民族資產階級也不能幸免,以致盡失民心。終於導致金融財政陷入全面崩潰的絕境,加劇了政治和軍事的危機,而最終走向失敗。

① 中國人民銀行總行參事室編:《中華民國貨幣史資料》第一輯第 129 頁,上海人民出版社 1986 年版。
② 當時北洋政府財政總長熊希齡語,見上海《太平洋報》1912 年 4 月 27 日。
③ 上海《銀行週報》第三卷第九十六期。
④ 《交通銀行三十年史稿》。
⑤⑥ 中國銀行行史編輯委員會編著:《1912—1949 年中國銀行行史》第 78、101 頁,中國金融出版社 1995 年版。
⑦ 杜恂誠著:《民族資本主義與舊中國政府 (1840—1937)》第 107 頁,上海社會科學院出版社 1991 年版。
⑧ 《中國近代金融史》編寫組編:《中國近代金融史》第 154 頁,中國金融出版社 1985 年版。
⑨ 洪葭管著:《在金融史園地裏漫步》第 256—257 頁,中國金融出版社 1990 年版。
⑩ 《交通銀行史料》第一卷 (1907—1949),中國金融出版社 1996 年版。
⑪⑫ 中國人民銀行總行參事室編:《中華民國貨幣史資料》第二輯第 93、91—92 頁,上海人民出版社 1991 年版。
⑬⑭ 洪葭管主編:《中國金融史》第 311 頁,西南財經大學出版社 1993 年版。

⑮　王亞南著：《中國半封建半殖民地經濟形態研究》第 101 頁，人民出版社 1957 年版。

⑯　楊格著，陳澤憲、陳霞飛譯：《1927—1937 年中國財政經濟情況》第 282 頁，中國社會科學出版社 1981 年版。

⑰　張公權著，楊志信譯：《中國通貨膨脹史（1937—1949）》第 4 頁，文史資料出版社 1986 年版。

⑱　洪葭管著：《在金融史園地裏漫步》第 29 頁，中國金融出版社 1990 年版。

⑲⑳　張公權著，楊志信譯：《中國通貨膨脹史（1937—1949）》第 50、49 頁，文史資料出版社 1986 年版。

㉑　《中國近代金融史》編寫組編：《中國近代金融史》第 298 頁，中國金融出版社 1985 年版。

㉒　中央銀行檔案，藏南京中國第二歷史檔案館。

㉓　洪葭管著：《在金融史園地裏漫步》第 318—319 頁，中國金融出版社 1990 年版。

㉔　洪葭管著：《國民黨政府統治時期的通貨膨脹》，載劉滌源主編的《反通貨膨脹論》第 287 頁，廣東人民出版社 1992 年版。

㉕　中國人民銀行總行參事室編：《中華民國貨幣史資料》第一輯第 129 頁，上海人民出版社 1986 年版。

㉖　郭榮生編：《中國省銀行史略》第 183 頁，台灣中央銀行經濟研究處印行。

㉗　戴建兵著：《中國近代紙幣》第 324 頁，中國金融出版社 1993 年版。

㉘　《湖北省通志·金融志》（送審稿）第 44 頁，湖北省金融志編輯委員會 1985 年編印。

㉙㉚㉛　姜宏業主編：《中國地方銀行史》第 287、290、291 頁，湖南出版社 1991 年版。

㉜　賈士毅編纂：《民國財政史》（下冊）第六編第 234 頁，商務印書館 1917 年版。

㉝　郭榮生編：《中國省銀行史略》第 60 頁，台灣中央銀行經濟研究處印行。

㉞　姜宏業主編：《中國地方銀行史》第 407 頁，湖南出版社 1991 年版。

㉟　《河南省通志·金融志》第 47 頁，河南省金融志編輯委員會 1989 年編印。

㊱　張家驤著：《中華幣制史》第二編第 209 頁，民國大學出版社 1925 年版。

㊲　姜宏業主編：《中國地方銀行史》第 479 頁，湖南出版社 1991 年版。

㊳　《中央銀行旬報》第五十三期，《山西省銀行鈔票印發數目》，1930 年 11 月印行。

㊴　《中國近代金融史稿》（討論稿）第六章第 10 頁，中國人民銀行金融研究所舊中國金融史編寫組。

㊵㊶㊷　姜宏業主編：《中國地方銀行史》第 118、37、38 頁，湖南出版社 1991 年版。

㊸　戴建兵著：《中國近代紙幣》第 192 頁，中國金融出版社 1993 年版。

㊹　姜宏業主編：《中國地方銀行史》第 103 頁，湖南出版社 1991 年版。

㊺㊻㊼　戴建兵著：《中國近代紙幣》第 155 頁，中國金融出版社 1993 年版。

㊽　張家驤著：《中華幣制史》第二編第 231 頁，民國大學出版社 1925 年版。

㊾　《新疆通志·金融志》第一分冊第 35 頁，《新疆通志·金融志》編纂委員會 1988 年 12 月打印本。

㊿　吳紹璘著：《新疆概況》，轉引自《新疆金融》1986 年 8 月增刊二《新疆近二百年錢幣圖說》第 16 頁。

51　戴建兵著：《中國近代紙幣》第 426 頁，中國金融出版社 1993 年版。

52 53　姜宏業主編：《中國地方銀行史》第 315 頁，湖南出版社 1991 年版。

54　戴建兵著：《中國近代紙幣》第 360 頁，中國金融出版社 1993 年版。

55　姜宏業主編：《中國地方銀行史》第 219 頁，湖南出版社 1991 年版。

56　《中行月刊》第十一卷第二期，《1932—1934 年全國各華商銀行紙幣發行數額表》。

57　中國人民銀行總行參事室編：《中華民國貨幣史資料》第二輯第 310 頁，上海人民出版社 1991 年版。

58　董慶煊著：《新疆近二百年錢幣圖說》，載《新疆金融》1986 年 8 月增刊二，第 36 頁。

59　戴建兵著：《中國近代紙幣》第 500 頁，中國金融出版社 1993 年版。

60　中國銀行行史編輯委員會編著：《1912—1949 年中國銀行行史》第 37 頁，中國金融出版社 1995 年版。

61　王業鍵著：《中國近代貨幣與銀行的演進》第 98 頁。

62　洪葭管主編：《中國金融史》第 314 頁，西南財經大學出版社 1993 年版。

63　王亞南著：《中國半封建半殖民地經濟形態研究》第 101—102 頁，人民出版社 1957 年版。

- 民國時期國家銀行紙幣
- 民國時期地方銀行紙幣
- 民國時期軍用票

貳 圖録

民國時期國家銀行紙幣

一、 中央銀行紙幣

● 銀元券·美鈔版

0001
許義宗　舊藏
★★

0002
許義宗　舊藏
★

0003
許義宗　舊藏
★

0004
許義宗　舊藏
★★

0005
許義宗　舊藏
★★★

0006
許義宗　舊藏
★★★★

0007
許義宗　舊藏
★★★

0008
許義宗 舊藏
★★★★

0009
許義宗 舊藏
★★★★

0010
吴筹中 藏
★★

0011
许义宗 旧藏
★★

0012
吴筹中 藏
★★★

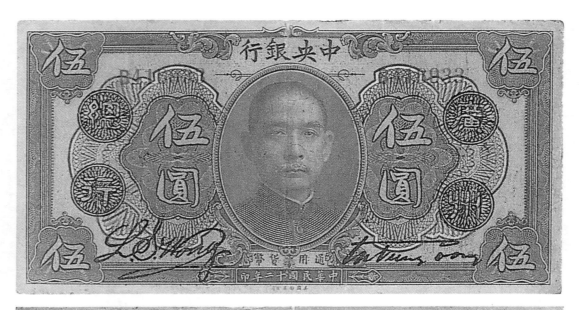

0013
许义宗 旧藏
★★★

0014
吴筹中 藏
★★★★

0015
吴筹中 藏
★

0016
吴籌中　藏
★

0017
許義宗　舊藏
★

0018

許義宗　舊藏

★★

0019

選自《集幣會刊》

★★

0020
許義宗　舊藏
★★

0021
許義宗　舊藏
★★★

0022
選自《中國紙幣之沿革》
★★

0023
選自《中國紙幣圖說》
★★★★

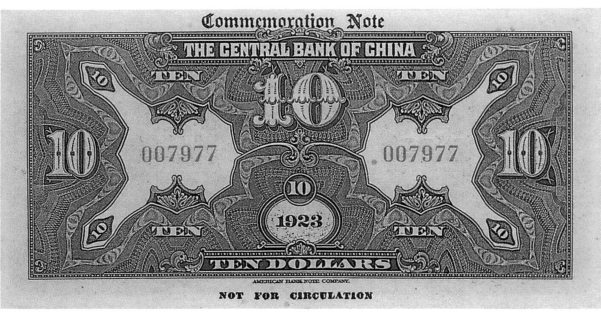

0024
選自《中國紙幣圖說》
★★★★

0025
吳籌中 藏
★

0026

吴筹中 藏

★

0027

選自《香港誠利郵鈔》

★★

0028
吴籌中 藏
★★★

0029
吴籌中 藏
★★★

0030
選自《中國紙幣圖說》
★★

0031
選自《中國紙幣圖說》
★

0032
選自《中國紙幣圖說》
★

0033
選自《中國紙幣圖說》
★★★

0034
選自《中國紙幣之沿革》
★★

0035
吳籌中 藏
★★★

0036
吴籌中 藏
★★★

0037
許義宗 舊藏
★★

0038
許義宗 舊藏
★★

0039
許義宗 舊藏
★★★★

0040

許義宗　舊藏

★★★

0041

上海博物館　藏

★★★

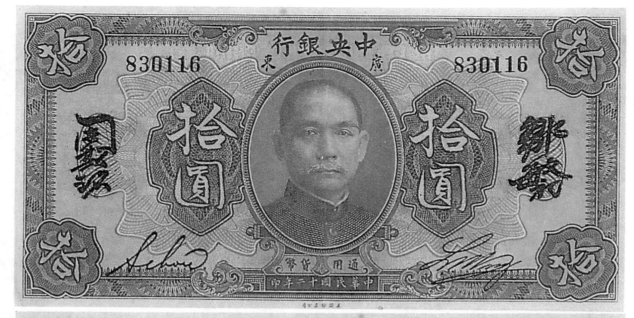

0042
選自《中國紙幣圖說》
★★★

0043
選自《中國紙幣圖說》
★★★★

0044
許義宗　舊藏
★★★★

0045
丁張弓良　舊藏
★★

0046

選自《中國軍用鈔票史略》

★★

0047

吳籌中 藏

★★★

0048

選自《中國軍用鈔票史略》

★★★

0049

丁張弓良　舊藏

★

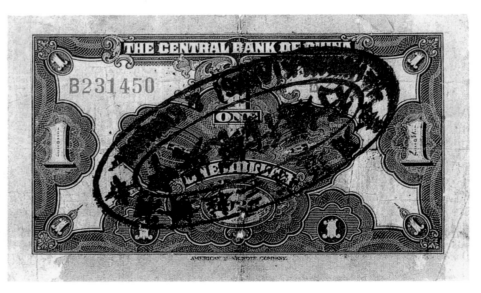

0050

選自《中國軍用鈔票史略》

★★

0051
選自《中國軍用鈔票史略》
★★★

● 大洋券・美鈔版

0052
丁張弓良　舊藏
★★

0053
丁張弓良　舊藏
★★★

0054
丁張弓良　舊藏
★★★★

0055
選自《中國紙幣圖説》
★★

0056
選自《中國紙幣圖説》
★★★

0057
選自《中國紙幣圖說》
★★★★

0058
選自《中國紙幣圖說》
★★★★

0059
選自《中國紙幣圖說》
★

0060
吳籌中　藏
★

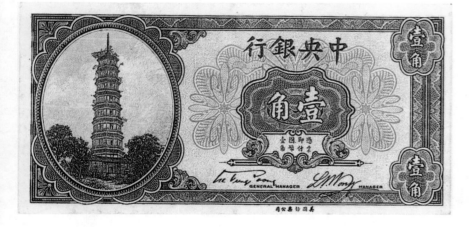

0061
吳籌中　藏

0062
吴籌中 藏
★

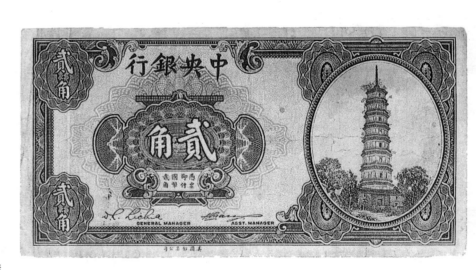

0063
吴籌中 藏
★

0064
上海博物館　藏
★

0065
上海博物館　藏
★★

0066
上海博物館　藏
★★★

0067
選自《中國紙幣圖說》
★★★★

0068
吳籌中 藏
★★★

0069
選自《中國紙幣圖說》
★★★★

0070

選自《中國紙幣圖説》

★★★★

0071

選自《中國紙幣圖説》

★

0072
王煒 提供
★★

0073
王煒 提供
★★★

0074
吴籌中 藏
★

0075
吴籌中 藏
★★

0076
吴籌中藏
★★★

0077
選自《中國民間錢幣珍藏》
★

0078
選自《中國紙幣圖說》
★★

0079

選自《中國紙幣圖說》
★★

0080
選自《中國紙幣圖説》
★

0081
選自《中國紙幣圖説》
★

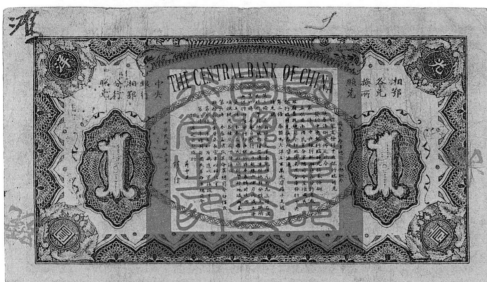

0082

中國人民銀行上海分行　藏

★

0083

選自《中國紙幣圖說》

★★

0084
丁張弓良　舊藏
★★

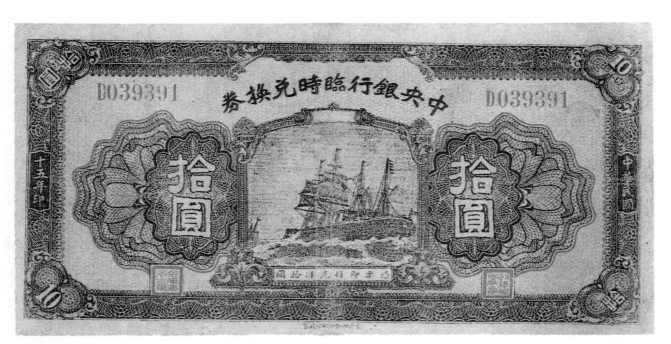

0085
丁張弓良　舊藏
★★

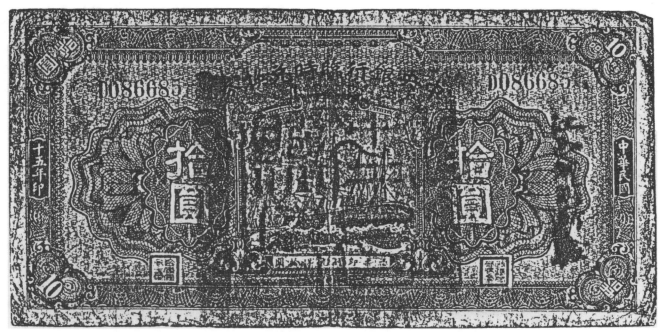

0086
吴筹中 藏
★★

● 铜元券·中华版

0087
吴筹中 藏
★

0088
上海博物馆 藏
★★★

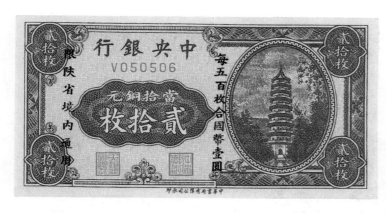

0089

上海博物館　藏

★

0090

吳籌中　藏

★★★

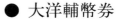● 大洋輔幣券

0091

上海博物館　藏

★★

0092
選自《中國紙幣圖說》
★

0093
吳籌中 藏

0094
選自《中國紙幣圖說》

0095
選自《中國紙幣圖説》

0096
選自《中國紙幣圖説》
★

0097
選自《中國紙幣圖説》

0098
吴筹中 藏

0099
吴筹中 藏

0100
選自《中國紙幣圖説》

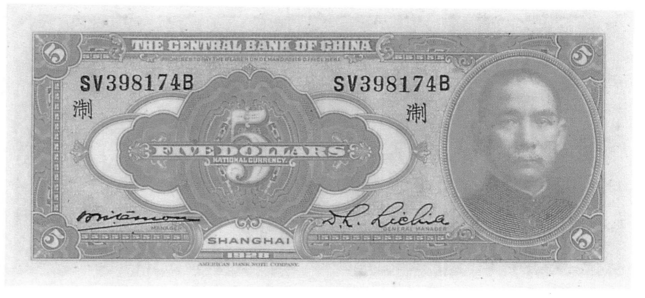

0101
選自《中國紙幣圖説》

0102
選自《中國紙幣圖説》
★

0103
吴筹中 藏

0104
吴筹中 藏

0105
吴筹中 藏

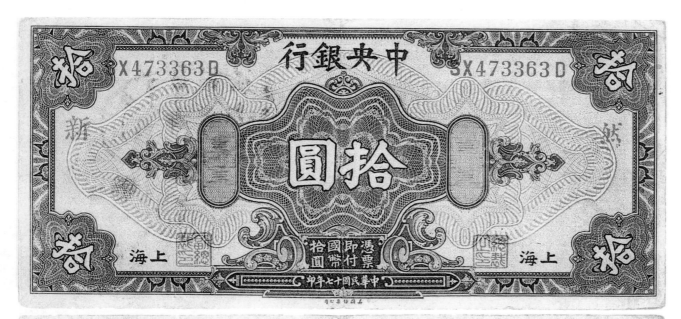

0106
吴筹中 藏

0107
吴籌中　藏

0108
選自《中國紙幣圖説》
★

0109
選自《中國紙幣圖說》
★

0110
吳籌中 藏
★

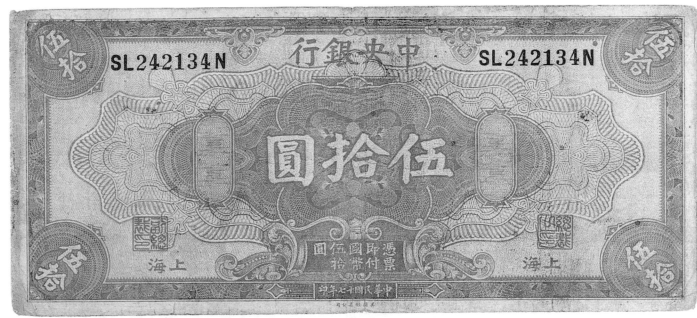

0111
吴籌中 藏
★

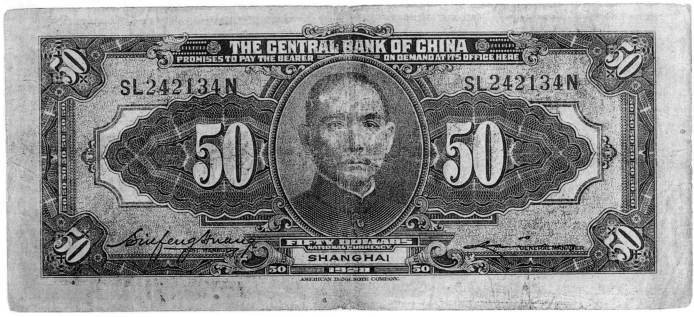

0112
吴籌中 藏
★

0113

選自《中國紙幣圖說》

★

0114

吳籌中　藏

★

· 85 ·

0115
吴籌中 藏
★

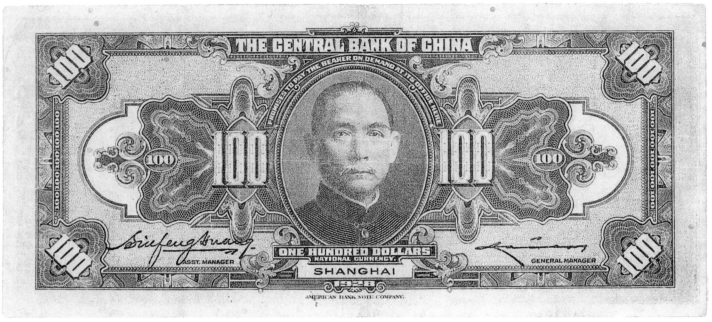

0116
選自《中國紙幣圖説》
★

0117
吴筹中 藏
★

0118
毯昂 藏
★★

0119
選自《中國紙幣圖説》
★

0120
選自《中國紙幣圖説》
★

0121
選自《中國紙幣圖説》

0122
吴筹中 藏

0123
吴筹中 藏

0124

選自《中國紙幣圖說》

0125

吳籌中　藏

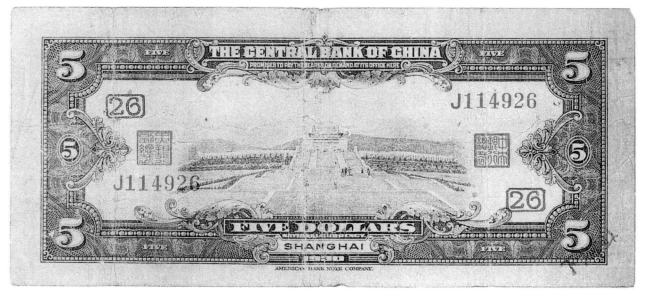

0126
吴筹中 藏

● 國幣輔幣券·中華版

0127
選自《中國紙幣圖說》

0128
選自《中國紙幣圖說》

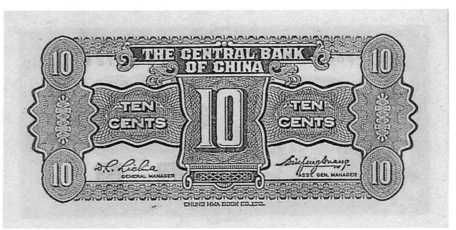

0129
吳籌中 藏

0130
選自《中國紙幣圖說》

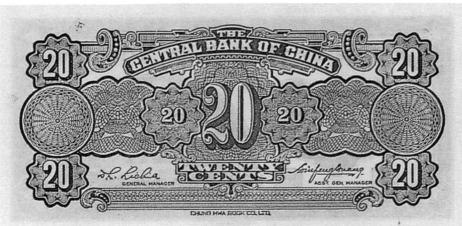

0131
選自《中國紙幣圖説》

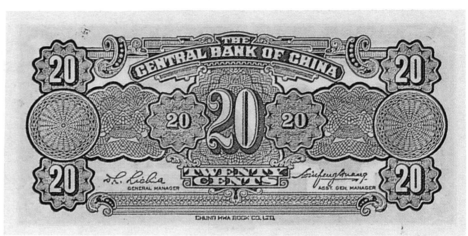

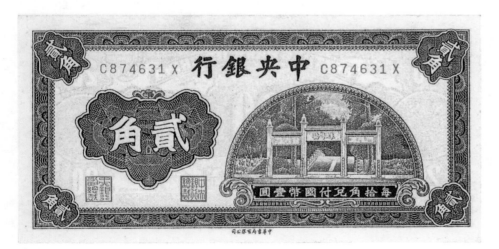

0132
吳籌中 藏

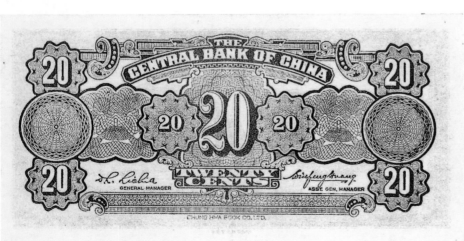

0133
選自《中國紙幣圖說》

0134
選自《中國紙幣圖說》

0135
吳籌中 藏

0136
選自《中國紙幣圖說》

0137
吳籌中　藏

0138
選自《中國紙幣圖說》

0139
吳籌中 藏
★★

0140
吳籌中 藏
★

0141
吴筹中 藏
★

● 銅元券·中華版

0142
吴筹中 藏

0143
吴筹中 藏

0144
吳籌中 藏

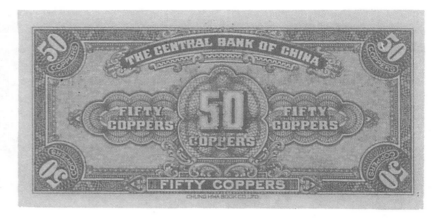

0146
選自《中國紙幣圖說》
★

0145
吳籌中 藏

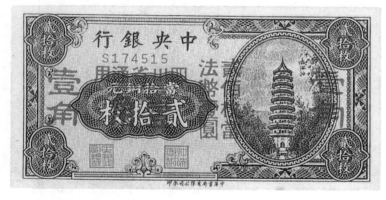

0147
吳籌中 藏
★

● 國幣輔幣券·財政部版

0148
上海博物館 藏
★★★

0149
吳籌中 藏
★★★

● 國幣輔幣券·美鈔版

0150
選自《中國紙幣圖說》

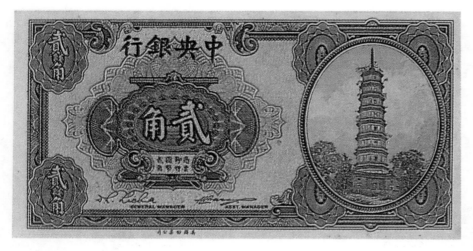

0151
選自《中國紙幣圖説》

● 國幣券·華德路版

0152
吳籌中 藏
★★

0153
吴籌中 藏
★★

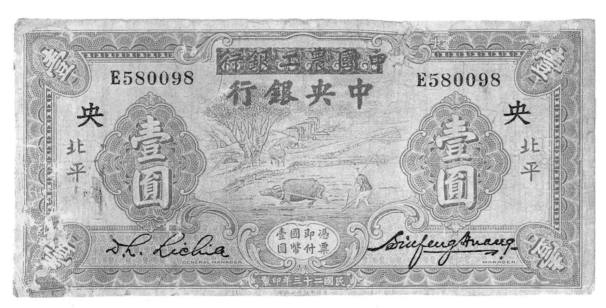

0154
吴籌中 藏
★★

0155
吴筹中 藏
★★

0156
吴筹中 藏
★★

0157

選自《中國紙幣圖説》

★★★

0158

吳籌中　藏

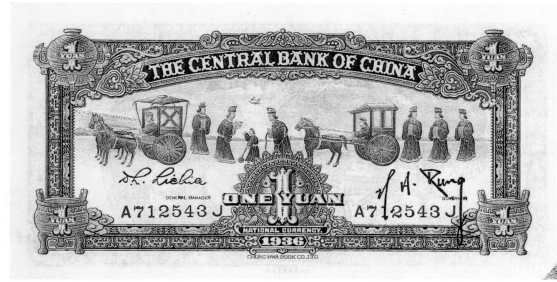

0159

吴籌中　藏

0160

選自《中國紙幣圖説》

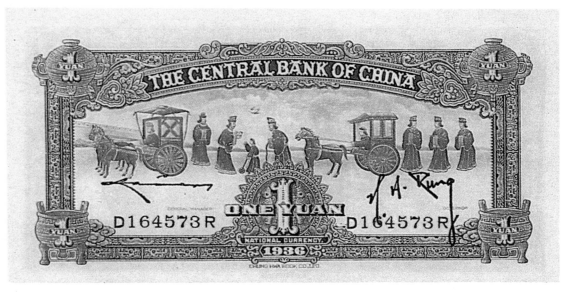

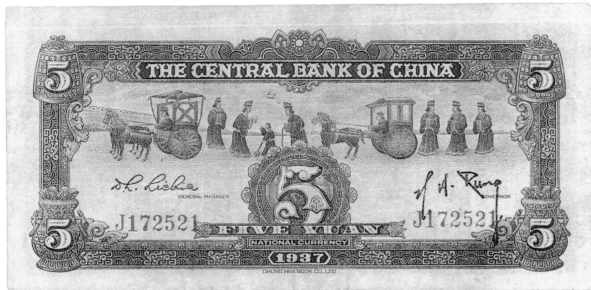

0161
吴籌中 藏

0162
吴籌中 藏

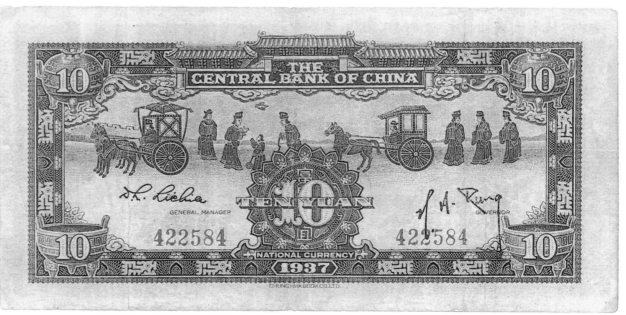

0163
許義宗　舊藏

● 法幣輔幣券・中華版

0164
吳籌中　藏

0165
吳籌中　藏

0166

吴籌中　藏

0167

上海博物館　藏

0168
吴筹中 藏

0169
選自《中國紙幣圖説》

0170
吴籌中 藏

0171
選自《中國紙幣圖説》

0172
吴籌中 藏

0173
吴籌中 藏

0174

許義宗 舊藏

0175

吳籌中 藏

0176
許義宗　舊藏
★

0177
吳籌中　藏

0178
吴筹中 藏

0179
吴筹中 藏

0180
許義宗　舊藏
★

0181
吳籌中　藏

0182
吴籌中 藏

0183
選自《中國紙幣圖説》
★

0184
吴筹中 藏

0185
吴筹中 藏

0186
吴籌中　藏

0187
許義宗　舊藏
★

0188

吴籌中　藏

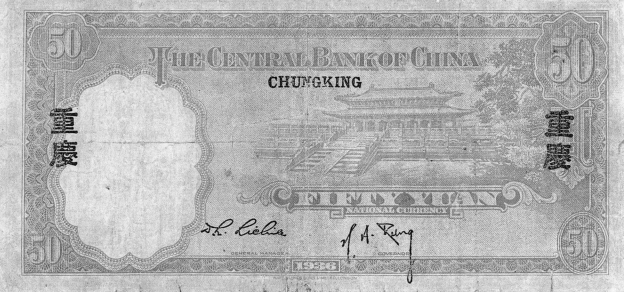

0189

吴籌中　藏

0190

吴筹中 藏

0191
許義宗　舊藏
★

0192
吴筹中　藏
★

0193
吴筹中 藏
★

0194
吴筹中 藏
★

0195
吴籌中 藏
★

0196
許義宗 舊藏
★

0197
丁張弓良　舊藏
★★

0198

丁張弓良　舊藏

★★

0199
許義宗　舊藏
★

0200
許義宗　舊藏
★

0201
吴籌中 藏

0202
吴籌中 藏

0203
吴籌中 藏

0204
吴籌中 藏

0205
吴籌中 藏

0206
許舊宗義 藏
★★★

0207
許義宗　舊藏
★★

0208
吳籌中　藏

0209
許舊宗義　舊藏
★

0210
吳籌中　藏

0211
吳籌中 藏

0212
吳籌中 藏

0213
許義宗　舊藏

0214
許義宗　舊藏
★

0215
吴筹中　藏

0216
吴筹中　藏

0217
吴籌中 藏

0218
吴籌中 藏

0219
吴筹中 藏

0220
许义宗 旧藏
★★★

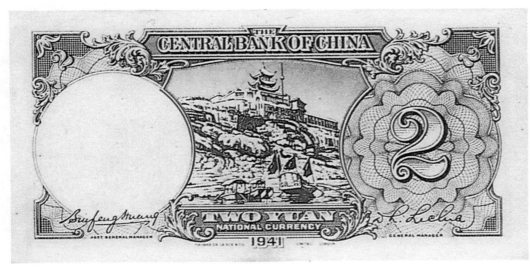

0221
許義宗　舊藏
★

0222
許義宗　舊藏

0223
吴筹中 藏

0224
許義宗 舊藏
★

0225
吴籌中　藏

0226
許義宗　舊藏

0227
許義宗 舊藏

0228
許義宗 舊藏

0229
吴籌中 藏

0230
吴籌中 藏

0231
選自《中國紙幣圖說》

0232
選自《中國紙幣圖說》

0233

吴籌中　藏

0234

吴籌中　藏

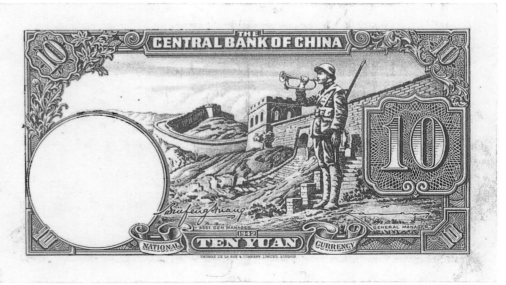

0235
吴筹中 藏

0236
王炜 提供
★

0237
吴籌中　藏

0238
選自《中國紙幣圖說》
★

0239
吳籌中 藏

0240
選自《中國紙幣圖說》
★

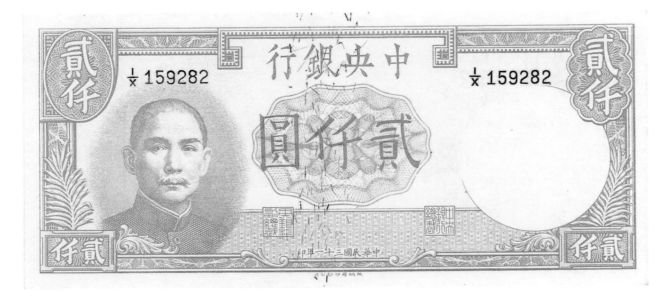

0241

吴籌中 藏

0242

吴籌中 藏

0243
吴籌中　藏

0244
吴籌中　藏

0245
吴筹中 藏

0246
吴筹中 藏

0247
王煒　提供

● 法幣輔幣券·美商永寧版

0248
選自《中國紙幣圖説》

0249
選自《中國紙幣圖説》

0250
吳籌中　藏

0251
選自《中國紙幣圖説》

0252

吴籌中　藏

0253

選自《中國紙幣圖説》

● 法幣券·西北版

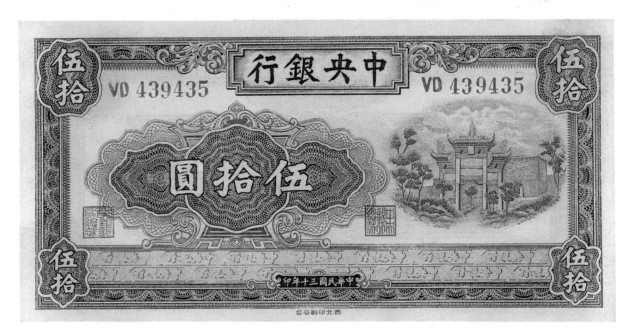

0254

上海博物館　藏

★

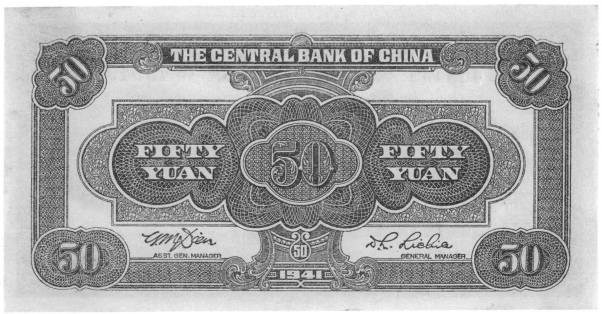

0255
吴籌中　藏

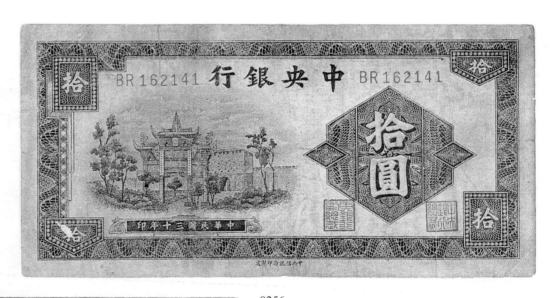

0256
吴籌中　藏

0257

吴籌中　藏

0258

選自《中國紙幣圖說》

★

0259
吴籌中 藏

0260
選自《中國紙幣圖說》

0261
吴籌中 藏

0262
選自《中國紙幣圖說》
★

0263
吴籌中 藏

0264
吴籌中 藏

0265
吴筹中 藏

0266
吴筹中 藏

0267
吴籌中 藏

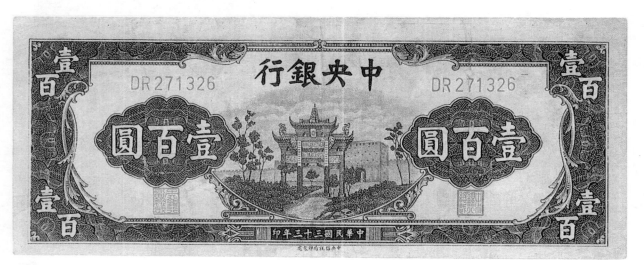

0268
吴籌中 藏

0269

吴籌中　藏

0270

吴籌中　藏

0271
吴籌中 藏

● 法幣券 · 福建百城版

0272
王煒 提供
★

0273
王煒　提供

0274
王煒　提供
★

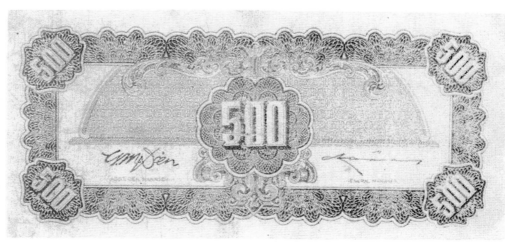

0275
王煒　提供

0276
王煒　提供
★

0277
王煒 提供

● 法幣券·美商保安版

0278
選自《中國紙幣圖說》
★

0279
吴籌中 藏

0280
吴籌中 藏

0281
選自《中國紙幣圖說》
★

0282
吳籌中 藏

0283
吴籌中 藏

0284
吴籌中 藏

0285
選自《中國紙幣圖說》
★

0286
吳籌中 藏

0287
吴籌中　藏

0288
選自《中國紙幣圖説》
★

0289
吴筹中　藏

0290
吴筹中　藏

0291
選自《中國紙幣圖說》
★

0292
吳籌中　藏

0293
上海博物館　藏

0294
吳籌中藏

0295
許義宗　舊藏
★

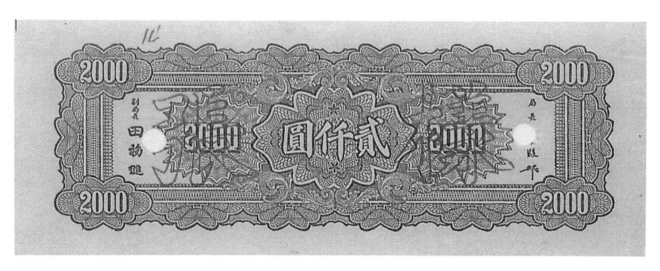

0296
吳籌中　藏

0297
吴籌中 藏

0298
許義宗 舊藏

0299
許義宗　舊藏

0300
吳籌中　藏

0301

許義宗　舊藏

★

0302

吳籌中　藏

0303

上海博物館　藏

0304

許義宗　舊藏

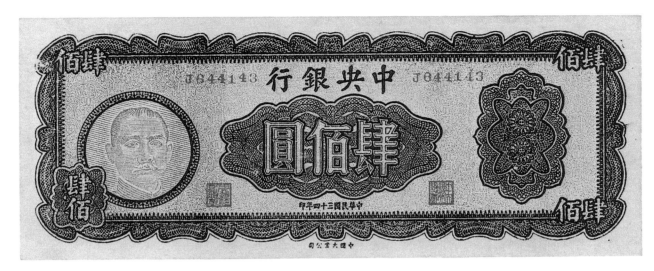

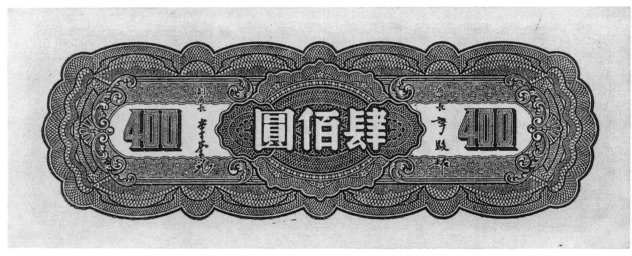

0305
吴籌中　藏

0306
吴籌中　藏

0307
許義宗 舊藏
★

0308
吳籌中 藏

0309

許義宗　舊藏

0310

吳籌中　藏

0311
許義宗 舊藏

0312
許義宗 舊藏

★

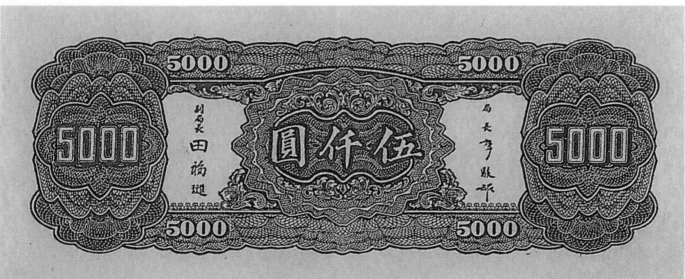

0313
吴籌中 藏

0314
許義宗 舊藏

0315
吴筹中 藏

0316
許義宗 舊藏

0317
吴中筹　藏

0318
许旧义宗　藏
★

0319
吴筹中 藏

0320
吴筹中 藏

0321
許義宗 舊藏
★

0322
吳籌中 藏

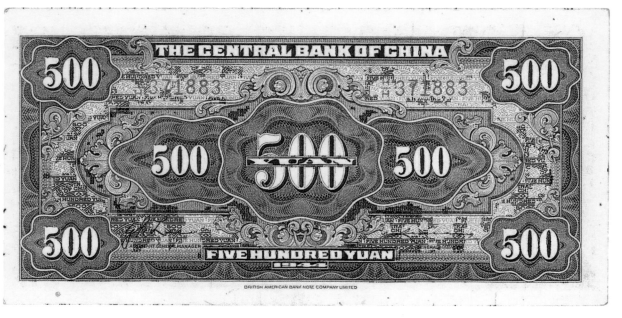

0323
吴籌中　藏

0324
吴籌中　藏

0325
許義宗　舊藏
★

0326
吳籌中　藏

0327
許義宗　舊藏
★★

0328
吳籌中　藏
★

0329
許舊宗義
★

0330
吳籌中 藏

0331
許舊宗義藏
★

0332
吳籌中藏

0333

吴籌中 藏

0334

許義宗 舊藏

★

0335
吳籌中　藏

0336
許舊義宗　藏
★

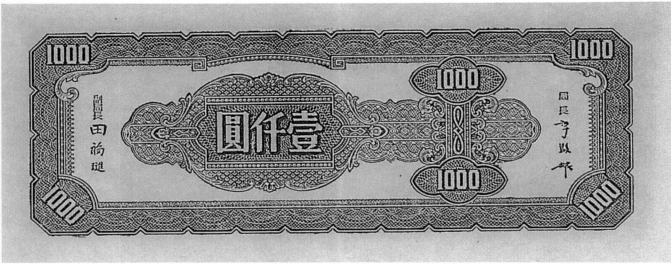

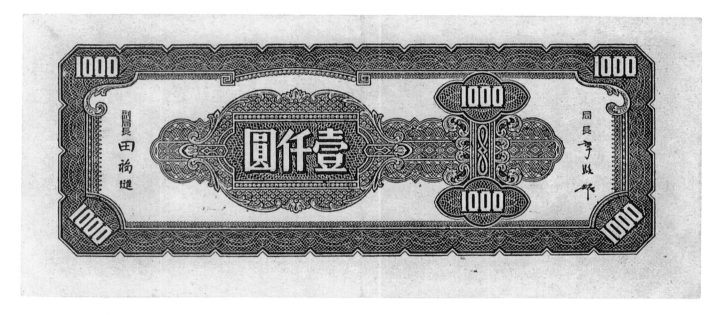

0337
吴籌中 藏

0338
吴籌中 藏

0339
許舊宗義 藏
★

0340
吳籌中 藏

0341
許義宗　舊藏
★

0342
吳籌中　藏

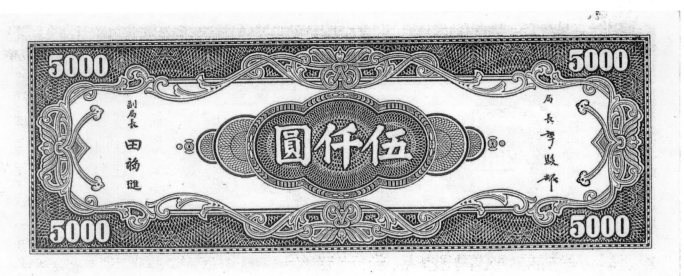

0343
吴筹中 藏

0344
吴筹中 藏

0345

中國人民銀行上海分行　藏

● 法幣券·中央廠上海版

0346

吳籌中　藏

0347
許舊宗義 藏
★

0348
吳籌中 藏

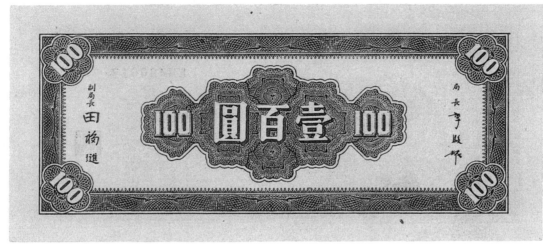

0349
吴筹中 藏

0350
吴筹中 藏

0351
吳籌中 藏

0352
吳籌中 藏

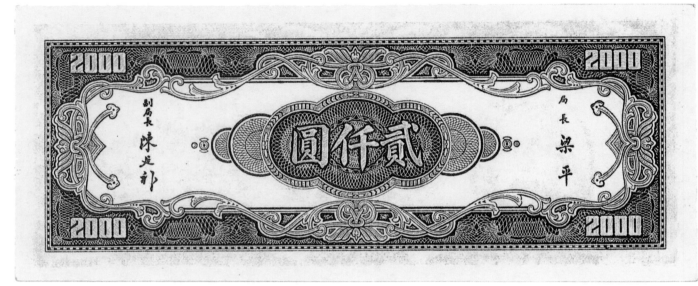

0353
吴筹中 藏

0354
吴筹中 藏

0355
吴籌中 藏

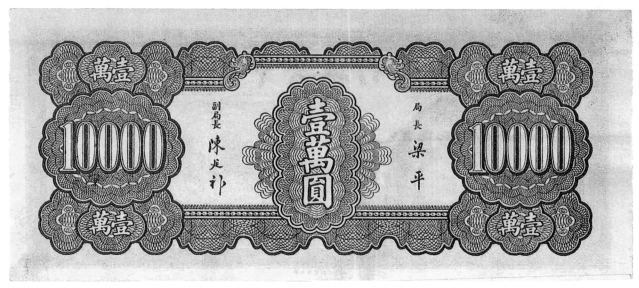

● 法幣券·中央廠北平版

0356
吴籌中 藏

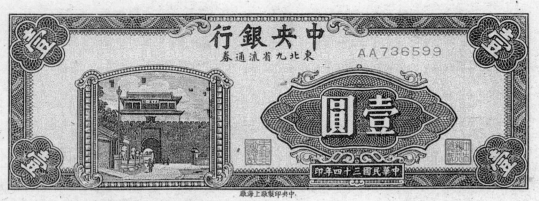

0357
吳籌中 藏
★

0358
吳籌中 藏
★

0359
上海博物館 藏
★★★

0360
吳籌中　藏

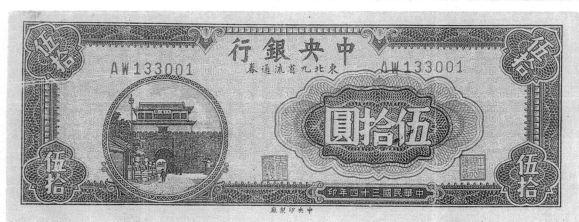

● 東北九省流通券·中央廠版

0361
吳籌中　藏
★

● 東北九省流通券·中央廠上海版

0362
吳籌中　藏

0363
吴籌中 藏

0364
吴籌中 藏
★

0365
吴筹中 藏

● 東北九省流通券·中央廠版

0366
吴筹中 藏

0367
吴筹中　藏

0368
吴筹中　藏

0369
吴筹中 藏

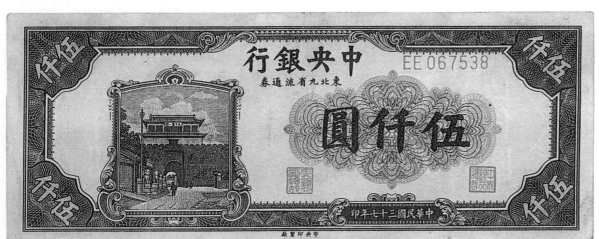

0370
中國人民銀行上海分行 藏
★

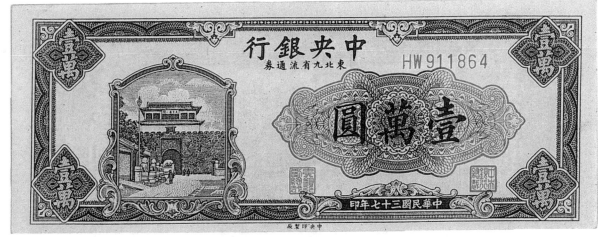

0371

中國人民銀行上海分行　藏

● 法幣券・美商保安版

0372

選自《中國軍用鈔票史略》

★★

0373

中國人民銀行上海分行　藏

★★★★

0374

選自《中國紙幣圖說》

★★★

0375
中國人民銀行上海分行　藏
★★★★

0376
選自《中國紙幣圖說》
★★★★

0377
中國人民銀行上海分行　藏
★★★★

0378
上海博物館　藏
★★★★

0379

中國人民銀行上海分行　藏

★★★★

0380

選自《中國紙幣圖說》

★★★★

0381
中國人民銀行上海分行　藏
★★★★

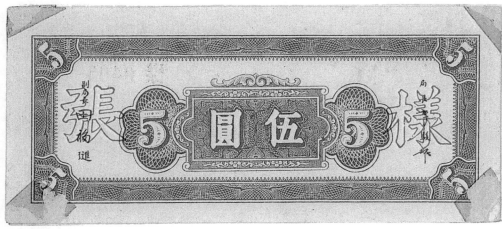

0382
上海博物館　藏
★★★★

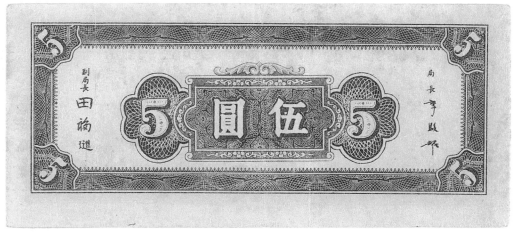

0383

中國人民銀行上海分行　藏

★★★★

0384

上海博物館　藏

★★★★

0385
中國人民銀行上海分行　藏
★★★★

0386
上海博物館　藏
★★★★

0388
吳籌中 藏
★

0387
嵇昂 藏
★★

0389
吳籌中 藏
★

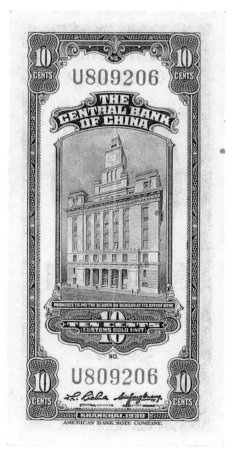

0390

選自《中國紙幣圖説》

★

0392

吳籌中 藏

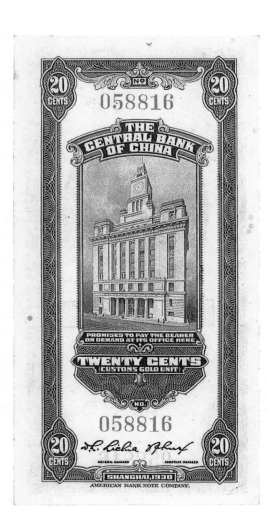

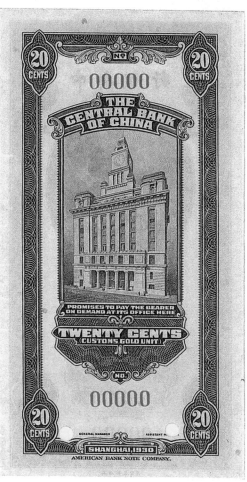

0391

嵇昂 藏

★★

● 關金券·美鈔版

0394
嵇昂 藏
★★

0395
吳籌中 藏

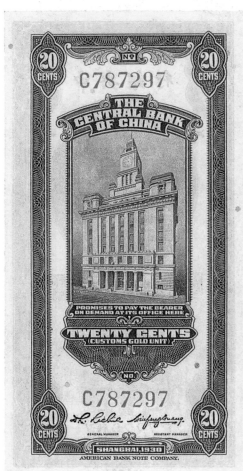

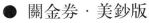

0393
吳籌中 藏

0396
吴籌中 藏

0397
許義宗 舊藏

0398
吴籌中 藏

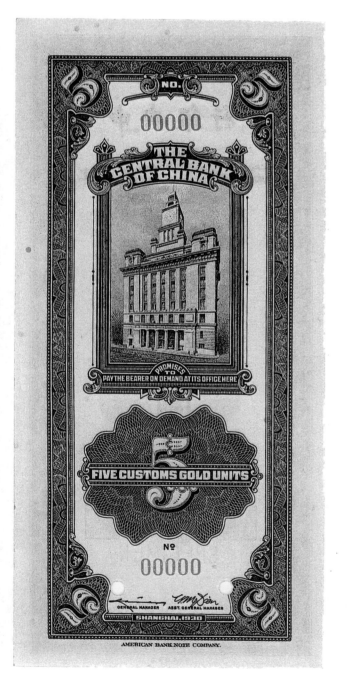

0399
嵇昂 藏
★★

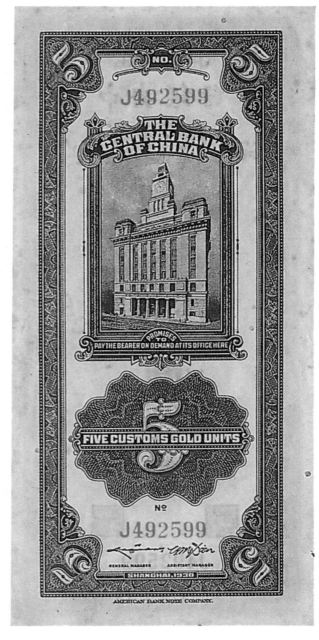

0400
許義宗 舊藏

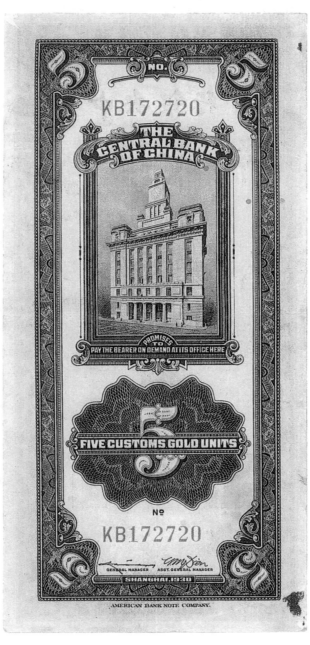

0401
吳籌中 藏

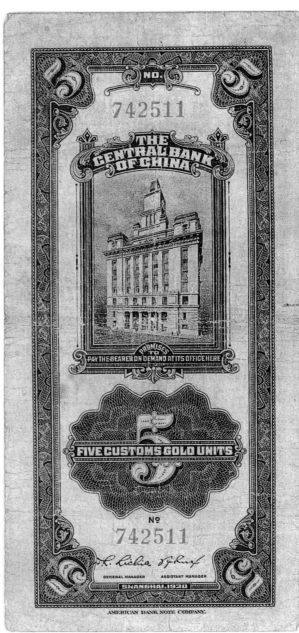

0402
吴籌中 藏

0403
吴籌中 藏

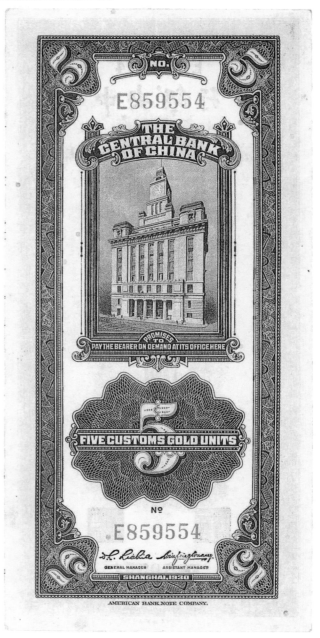

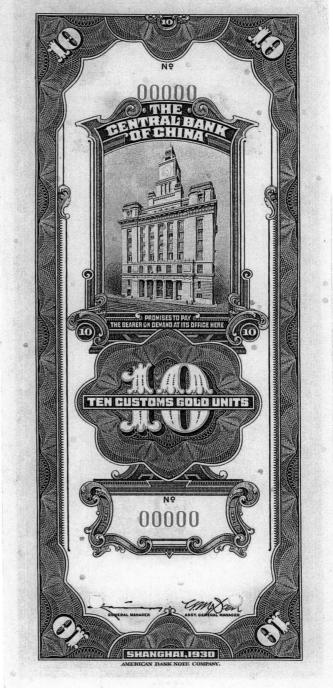

0404
藏昂嵇
★★

0405
許義宗　舊藏

0406
吴筹中 藏

0407
許義宗　舊藏

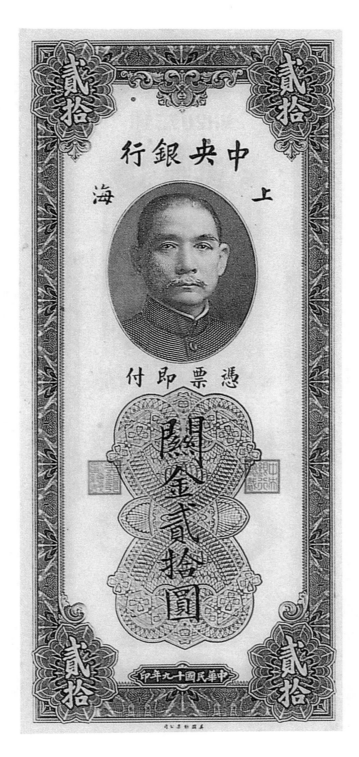

0408
許義宗　舊藏

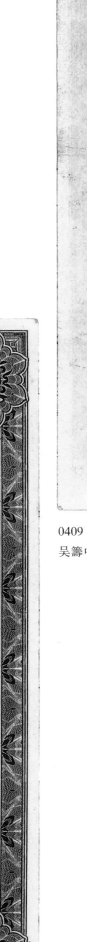

0409

吴籌中　藏

0410
中國人民銀行上海分行　藏

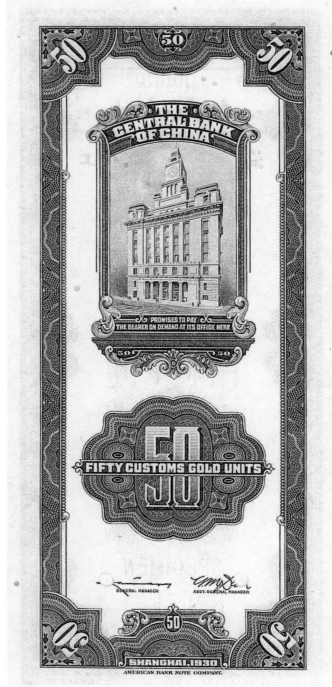

0411
稔昂藏
★★

0412
許義宗　舊藏

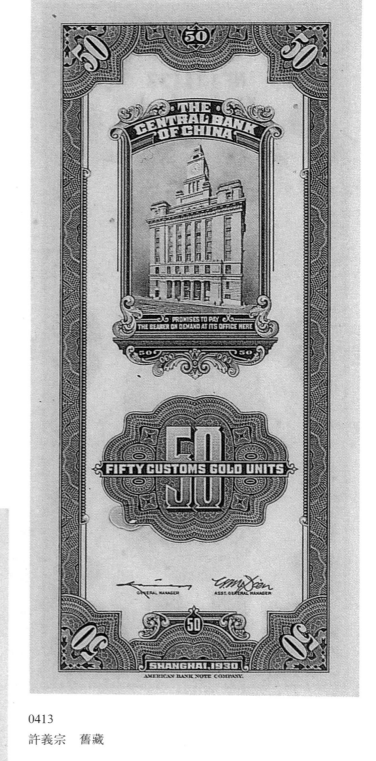

0413
許義宗　舊藏

0414
吴筹中 藏

0415
秙昂 藏
★★

0416
許義宗 舊藏

0417

吴籌中 藏

0418
吴籌中 藏

0419

選自《中國紙幣圖說》

★

0420

選自《中國紙幣圖說》

0421
吴籌中　藏

0422
嵇昂　藏
★★

0423

許義宗　舊藏

0424

吳籌中　藏

0425
許義宗 舊藏

0426
吳籌中 藏

0427
稔昂 藏
★★

0428
稔昂 藏
★★

0429
許義宗 舊藏

0430

吴筹中　藏

0431

許義宗　舊藏

0432

許義宗　舊藏

0433
許義宗　舊藏

0434
許義宗　舊藏
★★

0435
嵇昂　藏
★★

0436
許義宗　舊藏

0437
吳籌中　藏

0438
許義宗　舊藏

0439
許義宗　舊藏
★

0440
吳籌中　藏
★

0441
許義宗　舊藏
★

0442

秋昂　藏

★★

● 關金券·華德路版

0444

許義宗　舊藏

★★★★

0443

選自《中國紙幣圖說》

★★

0445
馮志苗 藏
★★★★

0446
吳籌中 藏
★

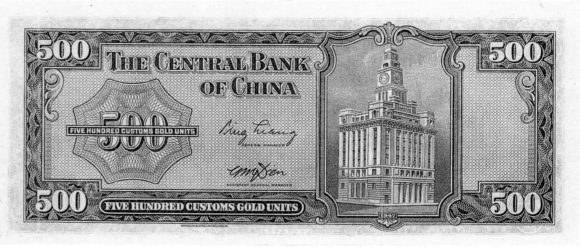

0447
吳籌中 藏
★★★

● 關金券·德納羅版

0448
許義宗 舊藏
★

0450

許義宗　舊藏

★

0451

吳籌中　藏

0449

吳籌中　藏

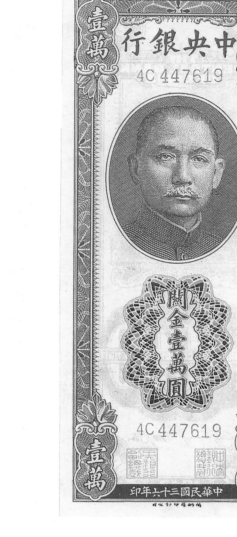

0453

吴籌中　藏

●　關金券·大業版

0452

選自《中國紙幣圖說》

★

0454

吴籌中　藏

0455
吴籌中 藏

● 關金券·中華版

0456
吴籌中 藏

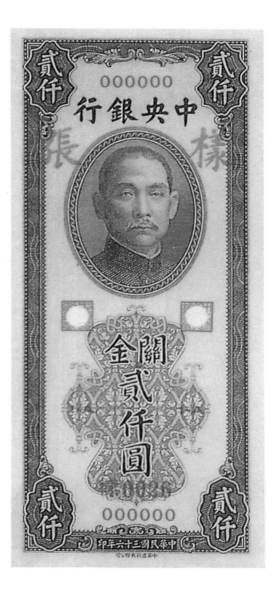

0457

選自《中國紙幣圖說》

★

0458

吳籌中　藏

0459

選自《中國紙幣圖說》

★

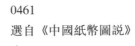

0461

選自《中國紙幣圖說》

★

0462

吳籌中　藏

0460

吳籌中　藏

0463

選自《中國紙幣圖説》

★

0464

吳籌中　藏

0465

選自《中國紙幣圖説》

★

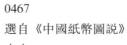

0467

選自《中國紙幣圖說》

★★

0468

吳籌中　藏

★

0466

吳籌中　藏

0470

上海博物館 藏

★★★

0471

中國人民銀行上海分行 藏

★★★

● 關金券 · 中央廠版

0469

選自《中國紙幣圖說》

★★★

0472

選自《中國紙幣圖說》

★

0473

吳籌中 藏

0474

選自《中國紙幣圖說》

★

0475

吴筹中 藏

0476

選自《中國紙幣圖説》

★

0477

吴筹中 藏

0479
吳籌中　藏

● 關金券·中央廠版

0480
吳籌中　藏

0478
選自《中國紙幣圖說》
★

0481

選自《中國紙幣圖説》

0482

選自《中國紙幣圖説》

0483

選自《中國紙幣圖説》

0484

吴籌中　藏

0485

吴籌中　藏

0486

許義宗　舊藏

★

0487

吳籌中　藏

0489

吴籌中 藏

0490

吴籌中 藏

0488

吴籌中 藏

0491

許義宗　舊藏

★

0492

吳籌中　藏

0493

許義宗　舊藏

0495

許舊宗義 舊藏

★

0496

吳籌中 藏

0494

吳籌中 藏

0497
吴籌中　藏
★

0498
吴籌中　藏

0499
吳籌中 藏

0500
吳籌中 藏
★

0501
許義宗 舊藏
★★

0503

許義宗　舊藏

★★

0504

嵇昂　藏

★★

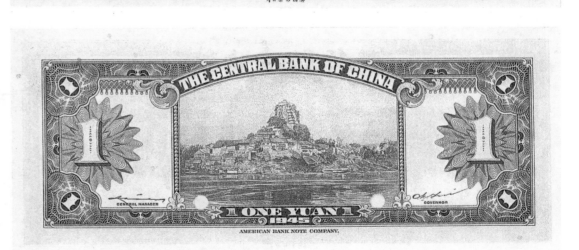

0502

許義宗　舊藏

★

0505
藏 昂嵇
★★

0506
藏 中籌吳

0507
藏舊 宗義許

0508

許義宗　舊藏

0509

稔昂　藏

★★

0510

吳籌中　藏

0511

許義宗 舊藏

0512

吳籌中 藏

0513

嵇昂 藏

★★

0514

吴籌中 藏

0515

吴籌中 藏

0516

吴籌中 藏

0517
許義宗　舊藏
★

0518
吳籌中　藏

0519
許義宗　舊藏

0520

許義宗　舊藏

0521

許義宗　舊藏

★★

0522

嵇昂　藏

★★

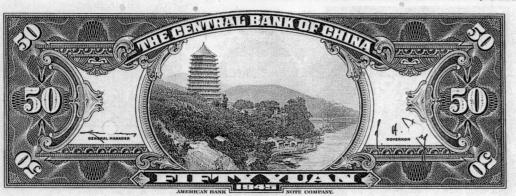

0523
藏昂嵇
★★

0524
吴籌中 藏

0525
吴籌中 藏

0526
許義宗 舊藏

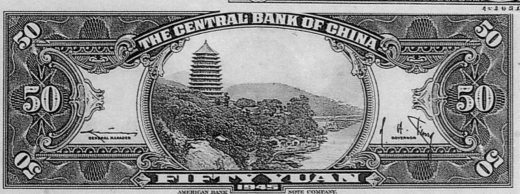

0527
吳籌中 藏

0528
吳籌中 藏

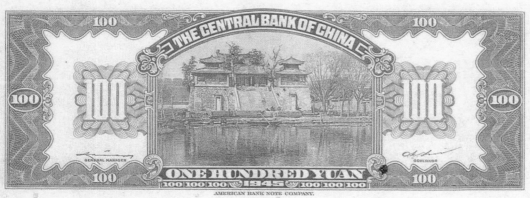

0529
吴籌中　藏

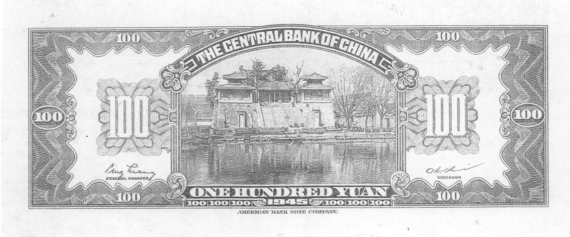

0530
許義宗　舊藏

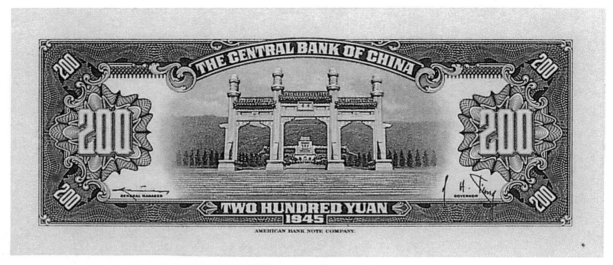

0531
許義宗　舊藏
★★★

0532
許義宗　舊藏
★★★

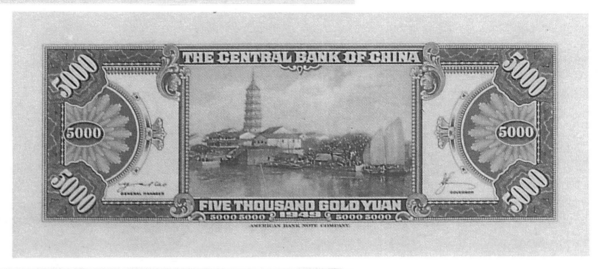

0533
日本 宮崎イリ　舊藏
★★★

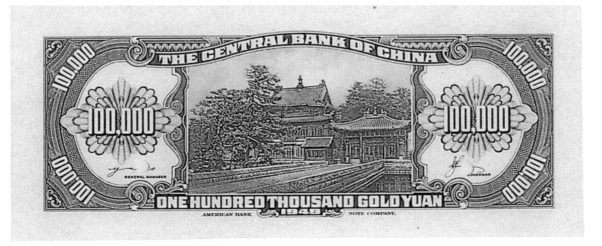

0534

日本 宮崎イリ 舊藏

★★★

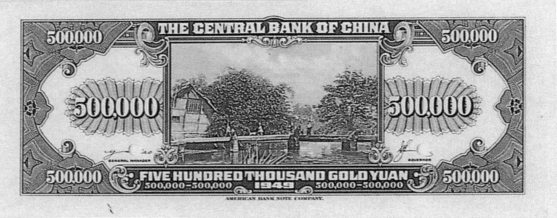

● 金圓輔幣券・德鈉羅版

0535

吳籌中 藏

0536

選自《中國紙幣圖説》

★

0537

吳籌中　藏

● 金圓券·德鈉羅版

0538

選自《中國紙幣圖說》

0539

選自《中國紙幣圖說》

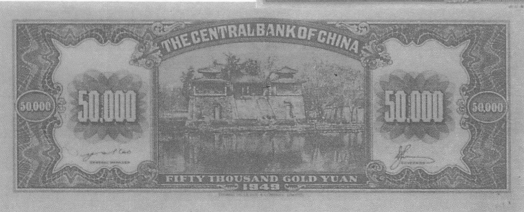

0540
選自《中國紙幣圖說》
★

● 金圓券・美商保安版

0541
吳籌中 藏
★★★★

0542
吳籌中 藏
★★★

0543
選自《中國紙幣圖說》
★★★

● 金圓輔幣券・中央廠版

0544
吳籌中 藏

● 金圓券・中央廠版

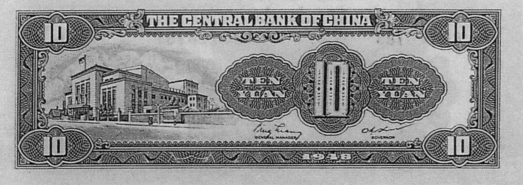

0545
選自《中國紙幣圖說》
★

0546
吳籌中 藏

0547

吴籌中 藏

0548

選自《中國紙幣圖説》

★

0549

吳籌中 藏

0550
馮志苗　藏

0551
吳籌中　藏

0552
選自《中國紙幣圖説》
★

0553

吴筹中 藏

0554

吴筹中 藏

0555

吴筹中 藏

0556
吴籌中 藏

0557
吴籌中 藏

0558
吴籌中 藏

0559
吴籌中　藏

0560
吴籌中　藏

0561
吴籌中　藏

0562
吴筹中 藏

0563
吴筹中 藏

0564
吴筹中 藏

0565
吴籌中 藏

0566
吴籌中 藏

0567
吴籌中 藏

0568
吴筹中 藏

0569
吴筹中 藏

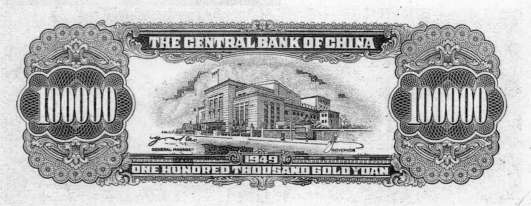

0570
吴筹中 藏

0571

吴籌中 藏

0572

吴籌中 藏

0573

選自《中國紙幣圖説》

★★

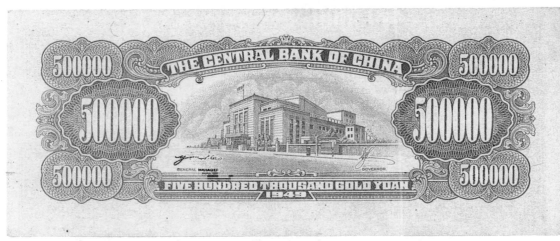

0574
吴籌中　藏

0575
吴籌中　藏

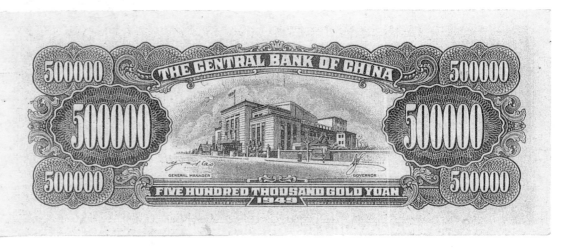

0576
吴筹中　藏

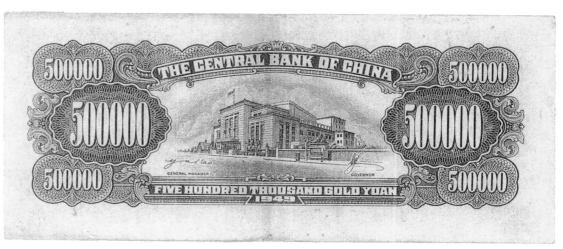

0577
吴筹中　藏

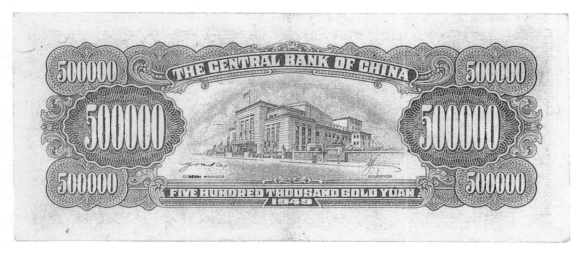

0578
吳籌中 藏

0579
選自《中國紙幣圖說》
★★

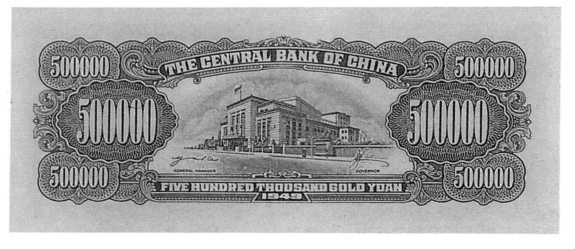

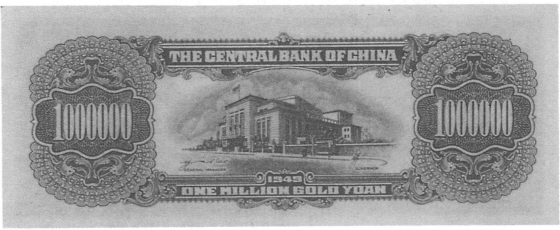

0580
選自《中國紙幣圖説》
★★

0581
英國 伍益嘉 藏
★★

0582
英國 伍益嘉 藏
★★★★

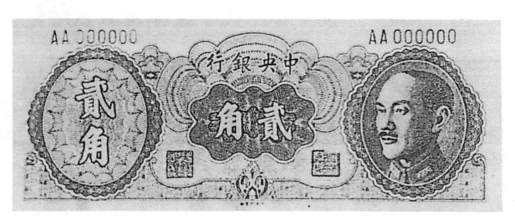

0583
英國 伍益嘉 藏
★★★★

0584

許義宗　舊藏

★

0585

吳籌中　藏

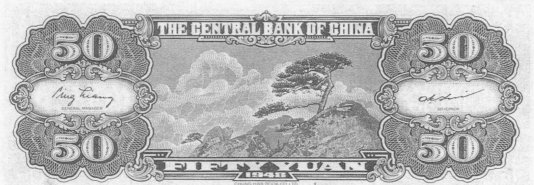

0586

吳籌中　藏

0587
許義宗 舊藏
★

0588
吳籌中 藏

0589
吳籌中 藏

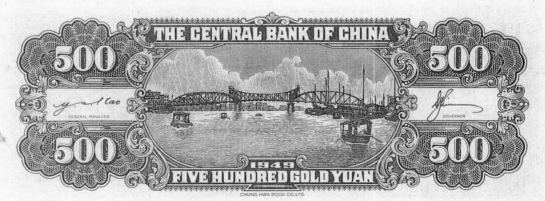

0590
吴籌中 藏

0591
吴籌中 藏

0592
吴籌中 藏

0593

吴籌中 藏

0594

中國人民銀行上海分行 藏

0595

吴籌中 藏

★

0596
選自《中國紙幣圖說》
★★

● 銀元輔幣券・中華版

0597
選自《中國紙幣圖說》
★★★

0598
吳籌中　藏

0599
選自《中國紙幣圖說》

0600

吴籌中 藏

0601

選自《中國紙幣圖說》

0602

選自《中國紙幣圖說》

★★

● 銀元券·中華版

0603

吴籌中 藏

0604
許義宗　舊藏

0605
許義宗　舊藏

0606
吴筹中 藏

0607
吴筹中 藏
★

0608
吳中籌 藏
★

0609
許義宗 舊藏
★

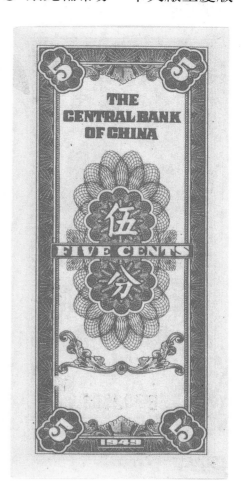

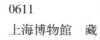

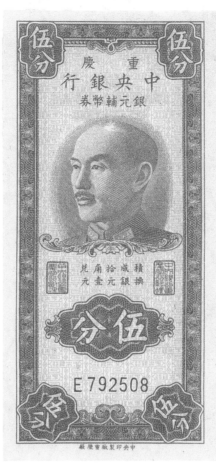

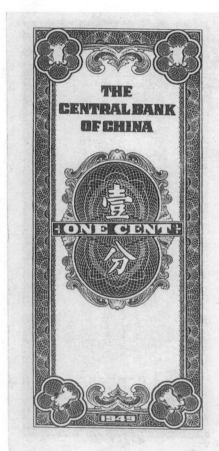

0610

馮志苗　藏

0612
許義宗　舊藏
★

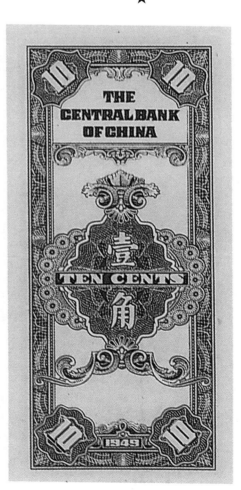

0613
上海博物館　藏
★

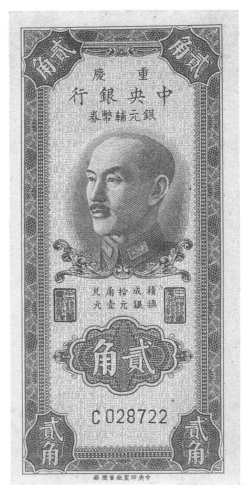

0615
上海博物館　藏
★★★

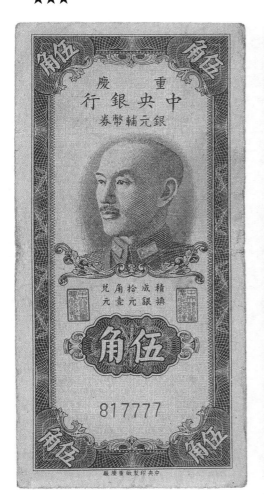

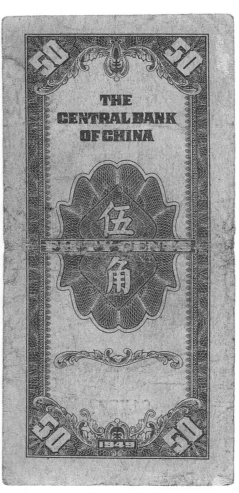

0614
上海博物館　藏
★★★

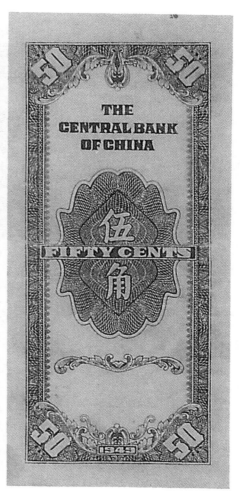

0616
許義宗 舊藏
★★★

● 銀元券·中華版

0617
吳籌中 藏

0618
吴籌中 藏

0619
吴籌中 藏
★★

0620
許義宗　舊藏
★★★★

0621
上海博物館　藏
★★

0622
上海博物館　藏
★★

0623
許義宗　舊藏
★★★

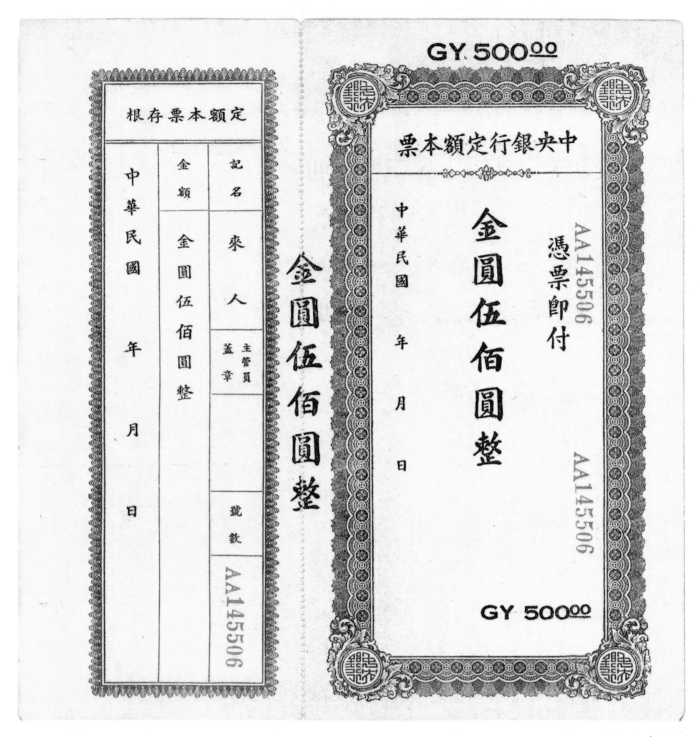

0624
郭乃興　藏
★

0625
上海博物館　藏
★★

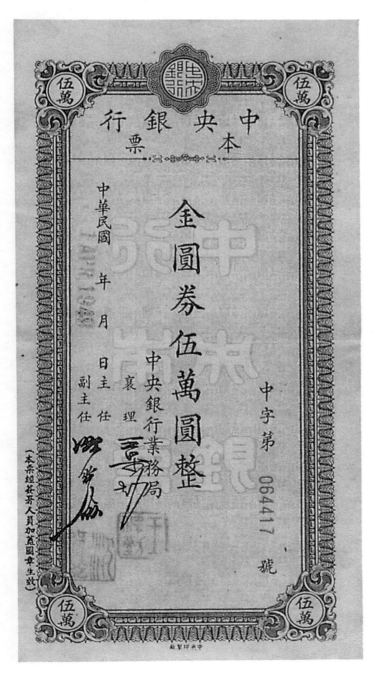

0626
許義宗　舊藏
★★

0627
許義宗　舊藏
★★

● 金圓券定額本票・六聯版

0628
上海博物館　藏
★★

0629
許義宗　舊藏
★★

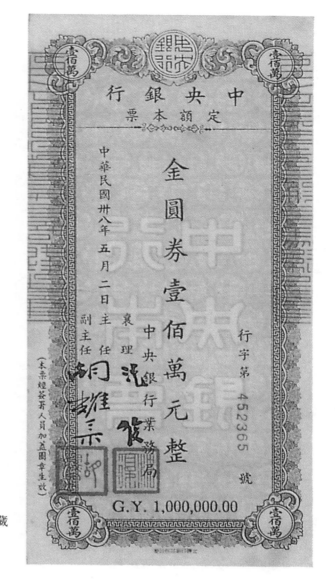

0630
許義宗　舊藏
★★

0631
許義宗　舊藏
★★

0632
選自《中國紙幣圖說》
★★

0633
選自《中國紙幣圖說》
★★

中央銀行本票
東北流通券
伍佰萬圓正

憑票即付 中央銀行長春分行

項字第 2782? 號

中華民國 年 月 日

經理 會計系 系長

張 荷

0634
選自《中國紙幣圖說》
★★

中央銀行本票
東北流通券
伍仟萬圓整

憑票即付 中央銀行長春分行

相字第 114638 號

民國三十七年八月初六日
中華民國三十七年 月 日

經理 會計系 系長

張 荷

0635
選自《中國紙幣圖說》
★★

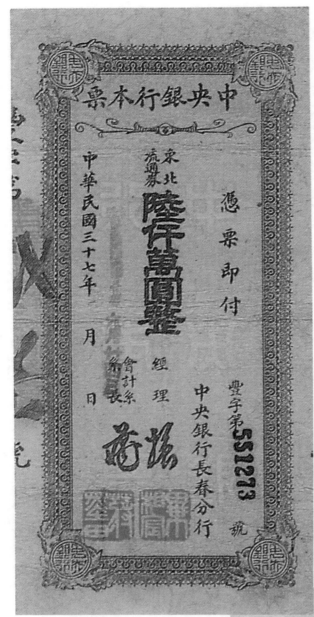

0636
選自《中國紙幣圖説》
★★

0637
選自《中國紙幣圖説》
★★★

0638
選自《中國紙幣圖説》
★★★

中央銀行瀋陽分行

本票

東北流通券壹拾萬圓整

憑票即付

中華民國三年二月二十日

主任

營業課

襄理

郎吉堂

A 026941

東光生產管理處監核財政部印鈔廠印製

0639
選自《中國紙幣圖説》
★

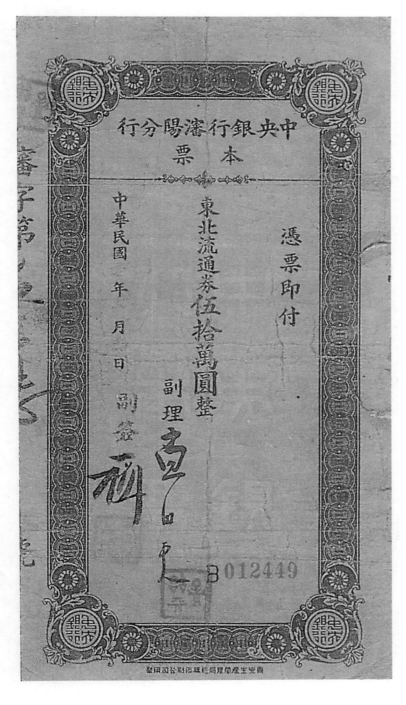

中央銀行瀋陽分行

本票

東北流通券伍拾萬圓整

憑票即付

中華民國二年 月 日

副簽

副理

高

B 012449

東光生產管理處監核財政部印鈔廠印製

0640
選自《中國紙幣圖説》
★★

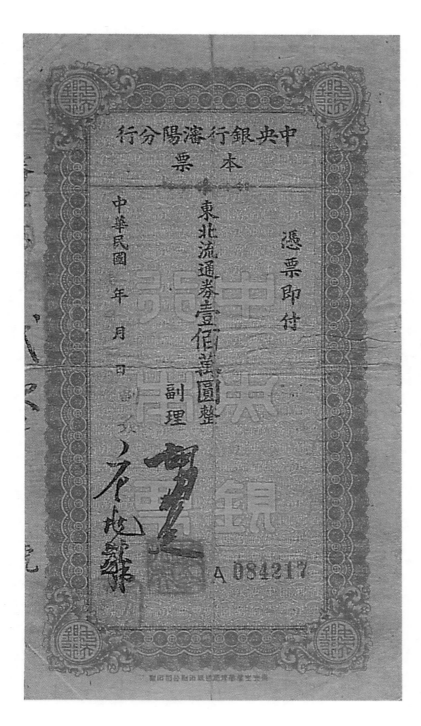

0641
選自《中國紙幣圖說》
★★

0642
選自《中國紙幣圖說》
★★

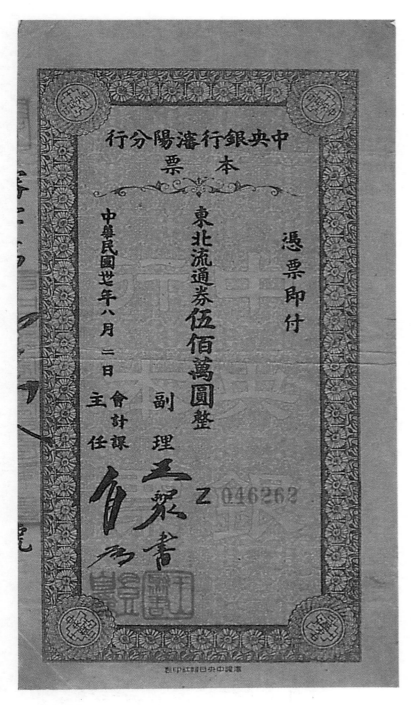

0643
選自《中國紙幣圖說》
★★

● 金圓券定額本票・中央廠版

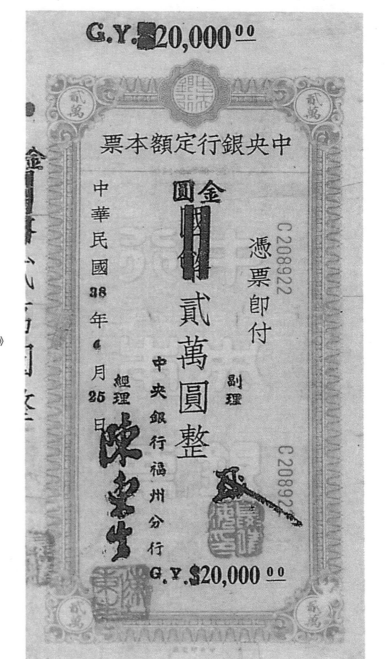

0644
選自《中國紙幣圖說》
★

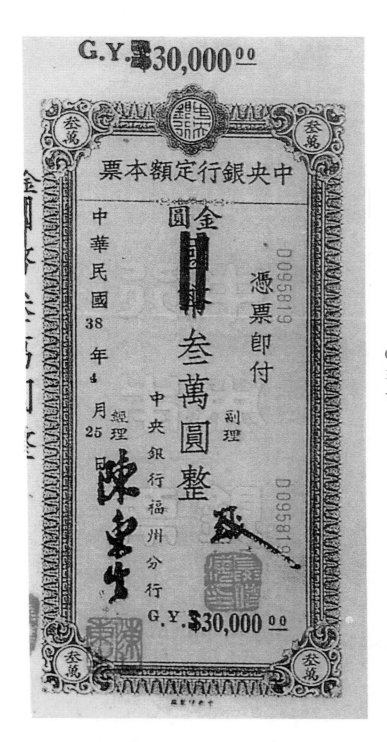

G.Y.$30,000⁰⁰

中央銀行定額本票

金圓

憑票即付

中華民國38年4月25日

叁萬圓整

副理

中央銀行福州分行

經理

陳章生

G.Y.$30,000⁰⁰

0645
王煒　提供
★★

G.Y.$40,000⁰⁰

中央銀行定額本票

金圓

憑票即付

中華民國38年4月25日

肆萬圓整

副理

中央銀行福州分行

經理

陳章生

G.Y.$40,000⁰⁰

0646
王煒　提供
★★

0647
王煒　提供
★★

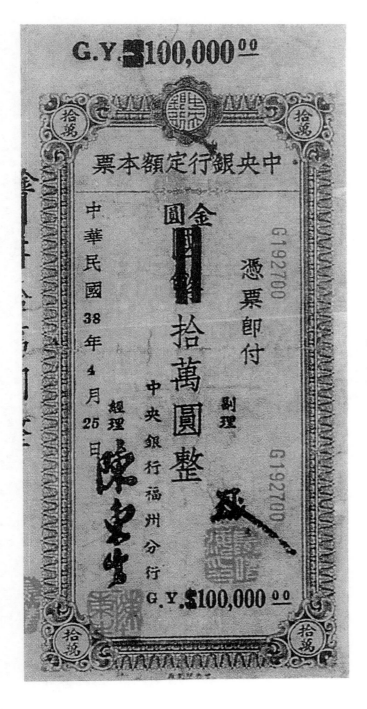

0648
王煒　提供
★★

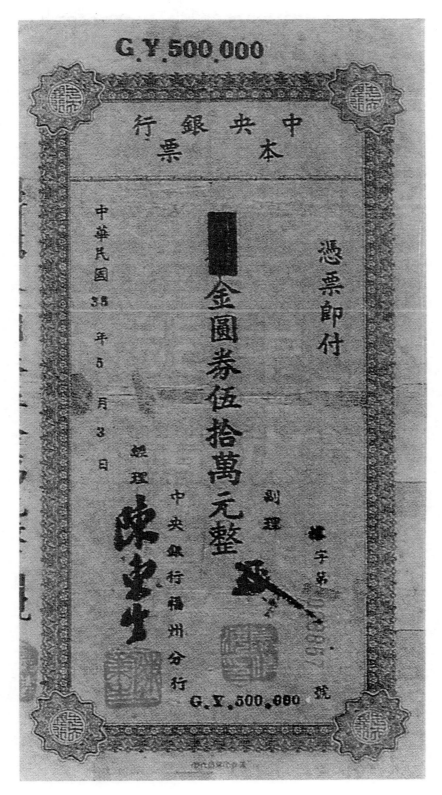

0649
王煒　提供
★★

0650
王煒　提供
★

0651
王煒　提供
★★

0652
王煒　提供
★★

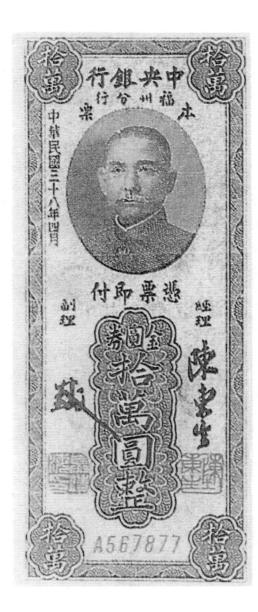

0653
王煒 提供
★★

0654
王煒 提供
★★

0655
選自《中國紙幣圖說》
★

0656
選自《中國紙幣圖說》
★

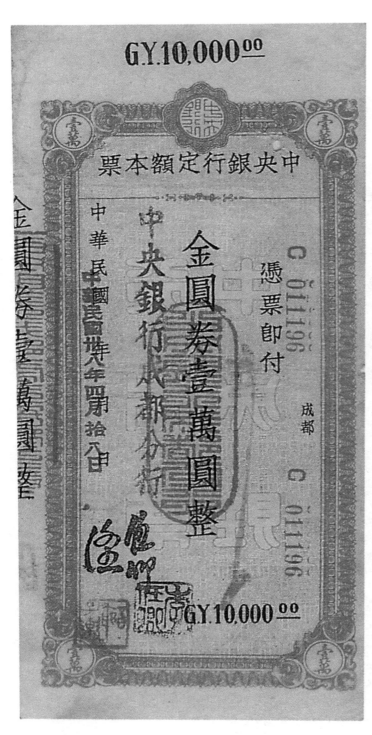

0657
選自《中國紙幣圖說》
★

● 金圓券本票·重慶版

0658
選自《中國紙幣圖說》
★

中央銀行
本票

金圓券伍萬圓整

中央銀行重慶分行

中華民國卅八年四月念九日

副理

營業課副主任

渝F字第 0066776 號

盟慶華南印刷版製

0659
許義宗 舊藏
★★

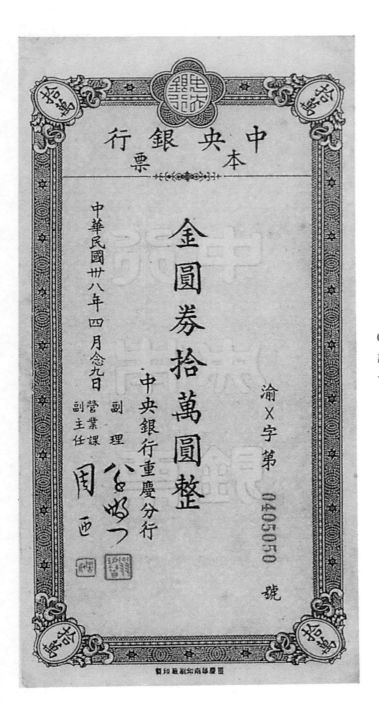

中央銀行
本票

金圓券拾萬圓整

中央銀行重慶分行

中華民國卅八年四月念九日

副理

營業課副主任

渝X字第 0405050 號

盟慶華南印刷版製

0660
許義宗 舊藏
★★

0661
許義宗　舊藏
★★

0662
許義宗　舊藏
★★

0663
選自《中國紙幣圖説》
★★

● 金圓券定額本票・漢口版

0664
選自《中國紙幣圖説》
★

0665

選自《中國紙幣圖說》

★

0666
存雲亭 藏
★★★★

（背圖見 336 頁）

（0666 背圖）

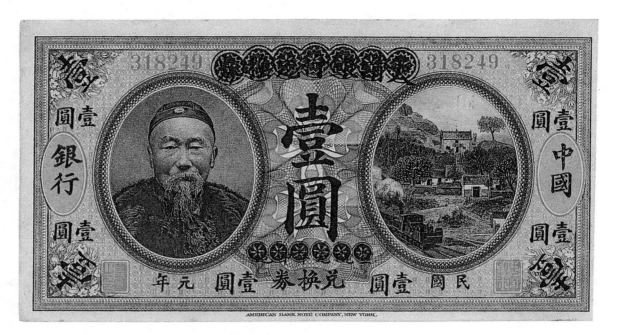

0667

中國人民銀行上海分行　藏

★★★★

0668

中國人民銀行上海分行　藏

★★★★

0669

中國人民銀行上海分行　藏

★★★★

（背圖見 339 頁）

0670

吴籌中 藏

★★★★

（0669 背圖）

0671
中國人民銀行上海分行　藏
★★★★

0672
許義宗　舊藏
★★★

0673

中國人民銀行上海分行　藏

★★★

0674

中國人民銀行上海分行　藏

★★★★

0675

中國人民銀行上海分行　藏

★★★★

0676

中國人民銀行上海分行　藏

★★★★

（背圖見 343 頁）

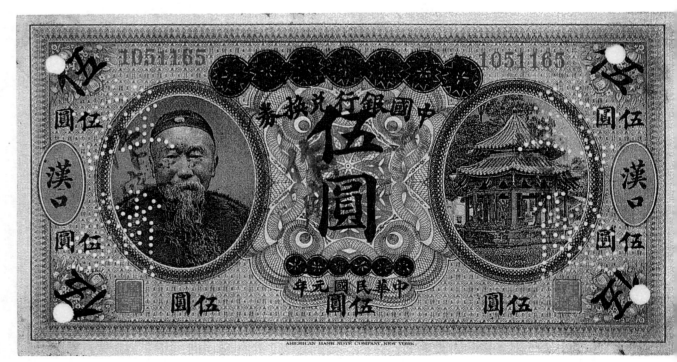

0677

中國人民銀行上海分行 藏

★★★★

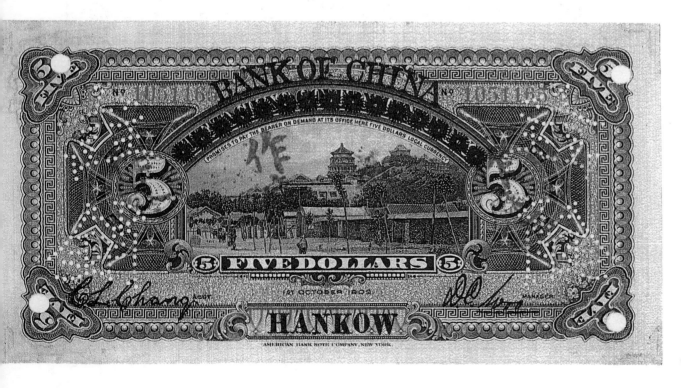

（0676 背圖）

0678
中國人民銀行上海分行　藏
★★★★

0679
中國人民銀行上海分行　藏
★★★★

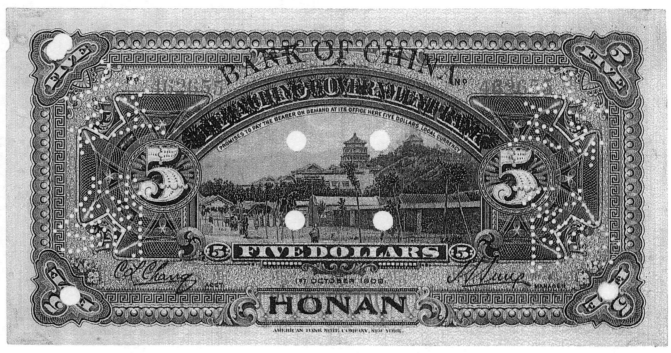

0680

中國人民銀行上海分行　藏

★★★★

0681

中國人民銀行上海分行　藏

★★★★

0682

中國人民銀行上海分行　藏

★★★

0683
中國人民銀行上海分行　藏
★★★★

0684
中國人民銀行上海分行　藏
★★★★

0685
許義宗　舊藏
★★

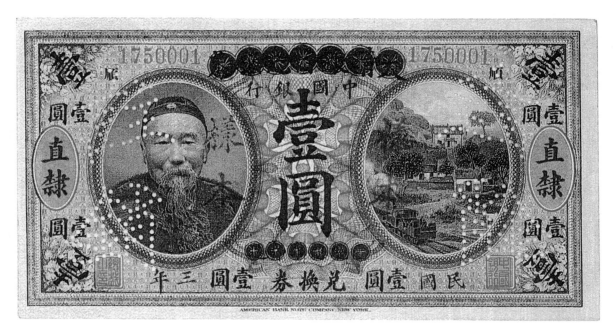

0686
中國人民銀行上海分行　藏
★★

0687
許義宗　舊藏
★★

0688
中國人民銀行上海分行　藏
★★

0689
中國人民銀行上海分行　藏
★★

0690
許義宗 舊藏
★★★

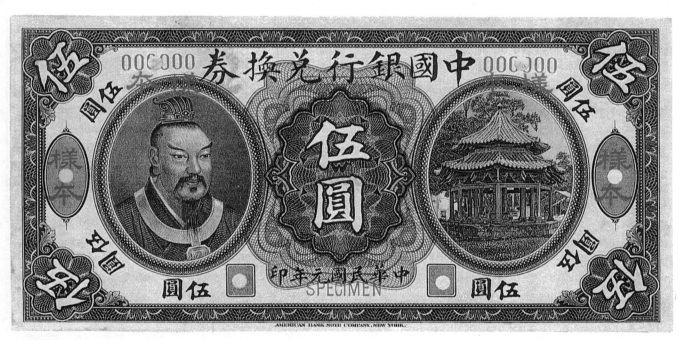

0691
中國人民銀行上海分行　藏
★★★★

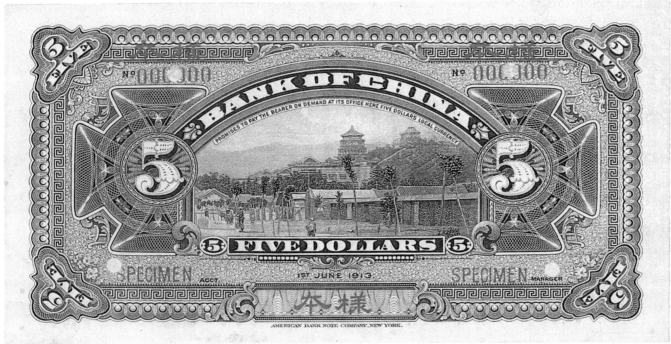

0692

中國人民銀行上海分行　藏

★★★★

0693

許義宗　舊藏

★★★★

0694

中國人民銀行上海分行　藏

★★★★

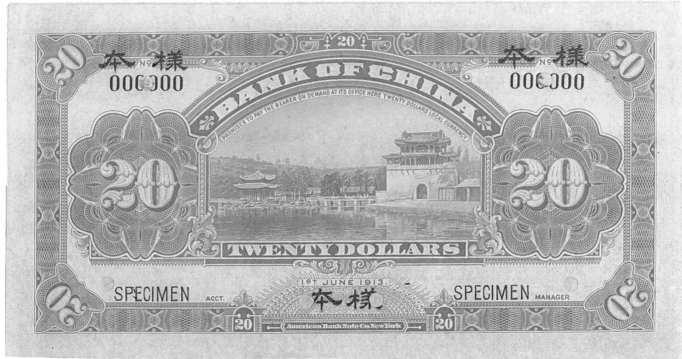

0695

中國人民銀行上海分行　藏

★★★★

0696

中國人民銀行上海分行　藏

★★★★

（背圖見 355 頁）

0697

中國人民銀行上海分行　藏

★★★★

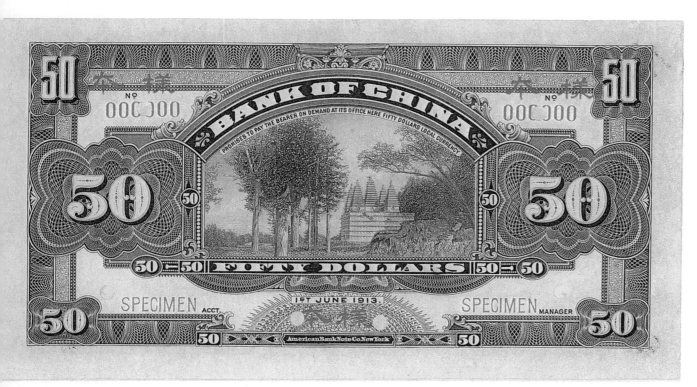

（0696背圖）

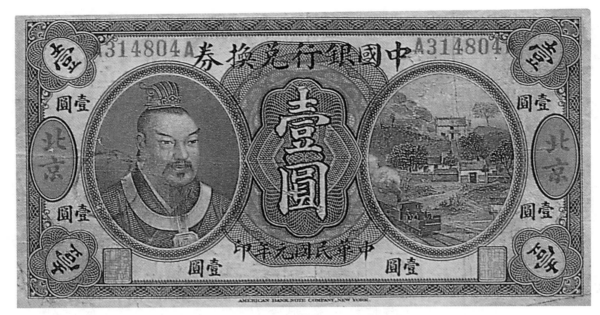

0698
許義宗　舊藏
★★

0699
上海博物館　藏
★★★

（背圖見 357 頁）

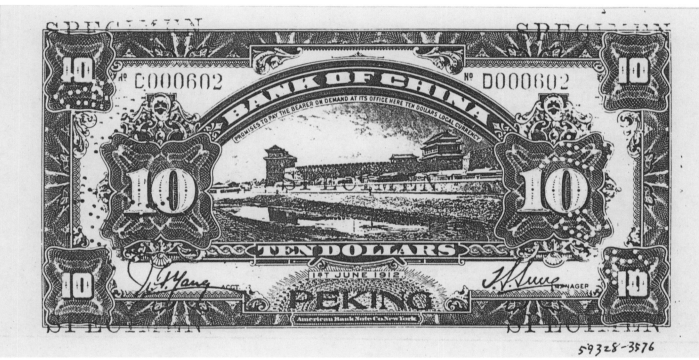

0700

上海博物館　藏

★★★★

（0699 背圖）

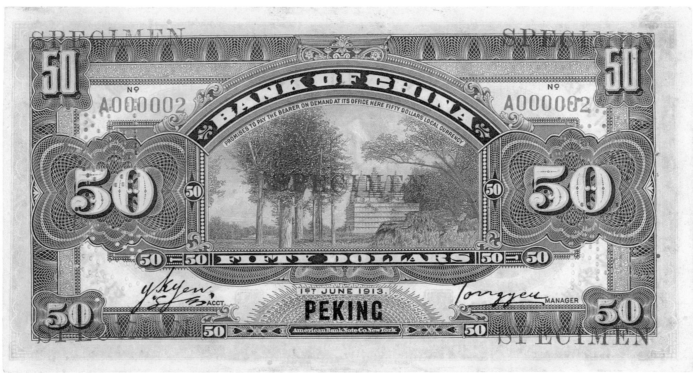

0701
上海博物館　藏
★★★★

0702
上海博物館　藏
★★★★

0703
中國人民銀行上海分行　藏
★★

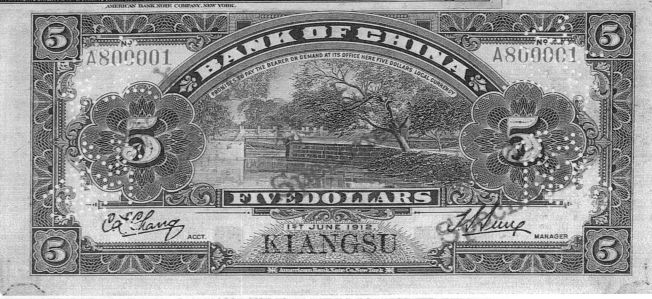

0704

中國人民銀行上海分行　藏

★★★

0705

中國人民銀行上海分行　藏

★★★★

0706
中國人民銀行上海分行　藏
★★

0707
中國人民銀行上海分行　藏
★★★

0708

中國人民銀行上海分行　藏

★★★★

0709

中國人民銀行上海分行　藏

★★

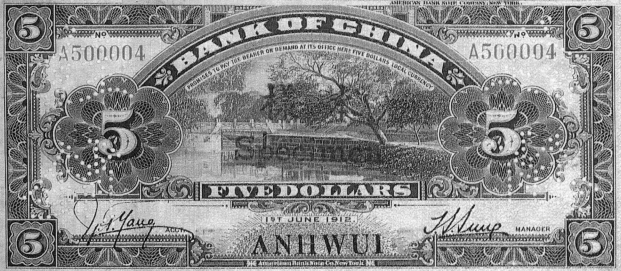

0710
中國人民銀行上海分行　藏
★★★

0711
中國人民銀行上海分行　藏
★★★★

0712
吴籌中 藏
★★

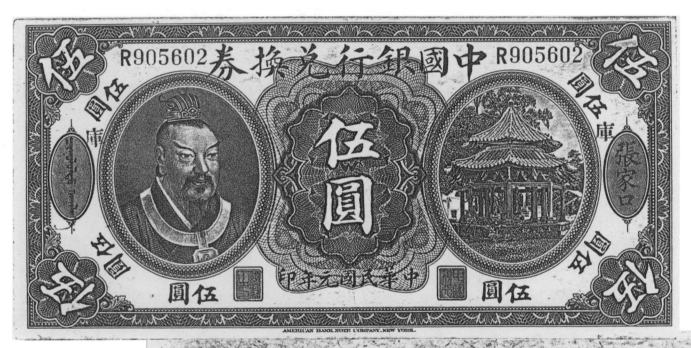

0713
吴籌中 藏
★★★

0714

吴籌中 藏

★★★★

0715

上海博物館 藏

★

0716

中國人民銀行上海分行　藏

★

0717

中國人民銀行上海分行　藏

★★

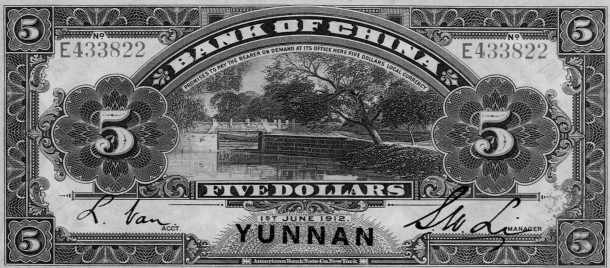

0718
上海博物館 藏
★★

0719
上海博物館 藏
★★★

0720
中國人民銀行上海分行　藏
★★

0721
中國人民銀行上海分行　藏
★★

0722
中國人民銀行上海分行　藏
★★★

0723
中國人民銀行上海分行　藏
★★★

0724

中國人民銀行上海分行　藏

★★★★

0725

中國人民銀行上海分行　藏

★★★★

（背圖見 371 頁）

0726

中國人民銀行上海分行　藏

★★

（0725 背圖）

0727
上海博物館 藏
★★

0728
中國人民銀行上海分行 藏
★★★

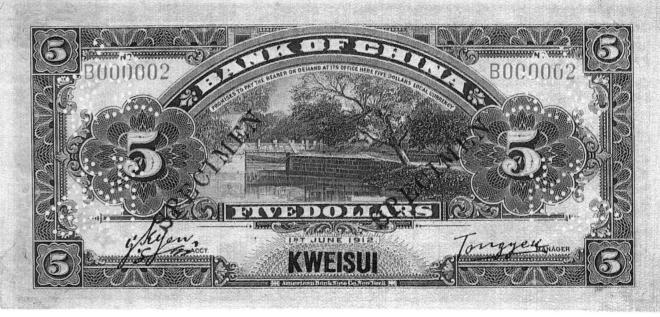

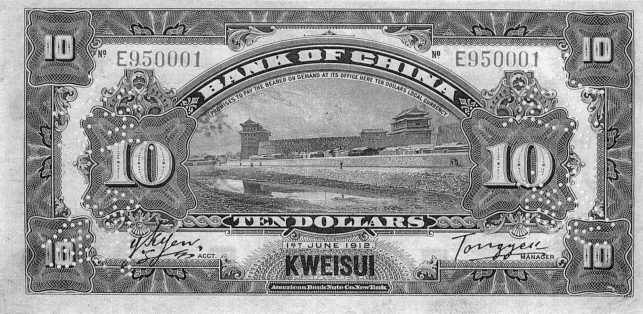

0729

中國人民銀行上海分行　藏

★★★★

0730

中國人民銀行上海分行　藏

★★

0731

中國人民銀行上海分行　藏

★★★

0732
中國人民銀行上海分行　藏
★★★★

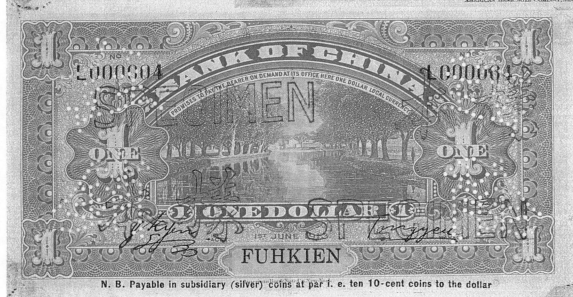

0733
中國人民銀行上海分行　藏
★★★

0734

中國人民銀行上海分行　藏

★★★★

0735
中國人民銀行上海分行　藏
★★

0736
中國人民銀行上海分行　藏
★★★★

0737

中國人民銀行上海分行　藏

★★★★

0738

中國人民銀行上海分行　藏

★★★

（背圖見 379 頁）

0739

中國人民銀行上海分行　藏

★★★★

（0738 背圖）

0740
中國人民銀行上海分行　藏
★★

0741
中國人民銀行上海分行　藏
★★★

0742

中國人民銀行上海分行　藏

★★★★

0743
上海博物館　藏
★★★★

0744
中國人民銀行上海分行　藏
★★

0745

中國人民銀行上海分行　藏

★

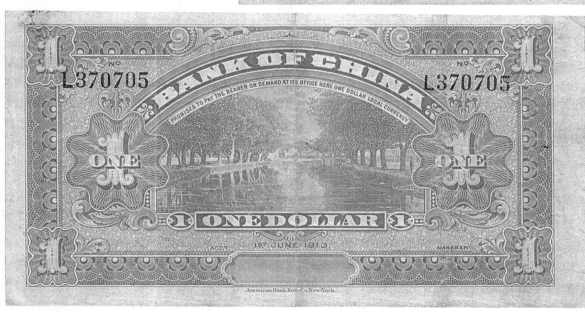

0746

中國人民銀行上海分行　藏

★

0747
中國人民銀行上海分行 藏
★★★

0748
中國人民銀行上海分行 藏
★★★★

0749

吳籌中 藏

★★★★

0750

許義宗 舊藏

★

0751
中國人民銀行上海分行　藏
★

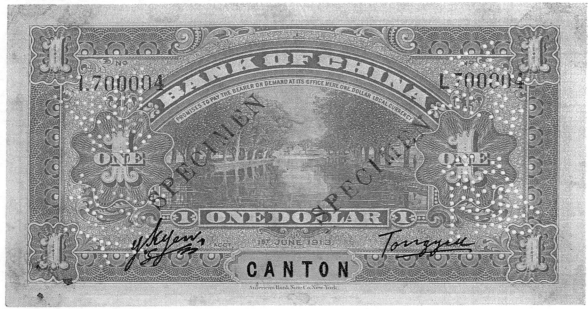

0752
上海博物館　藏
★

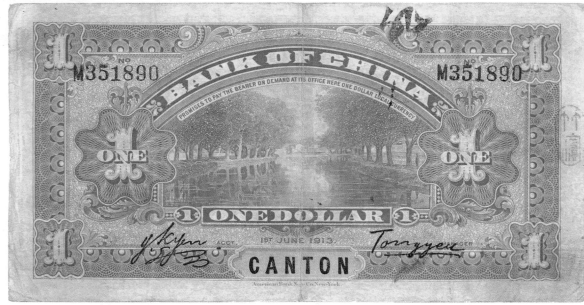

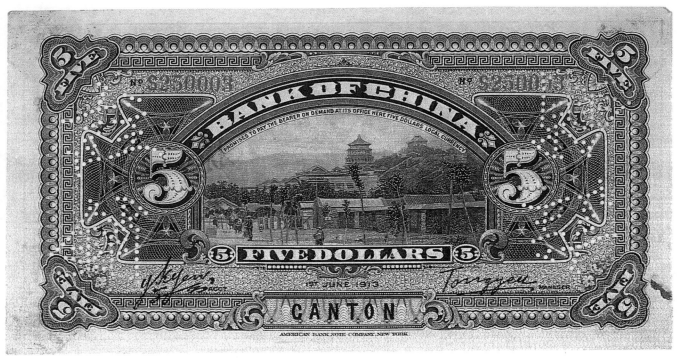

0753
中國人民銀行上海分行　藏
★★★

0754

上海博物館　藏

★★★

0755

中國人民銀行上海分行　藏

★★★★

(背圖見 389 頁)

0756
上海博物館 藏
★★★★

（0755背圖）

0757

吴籌中 藏

★

0758

中國人民銀行上海分行 藏

★★★

0759
中國人民銀行上海分行 藏
★

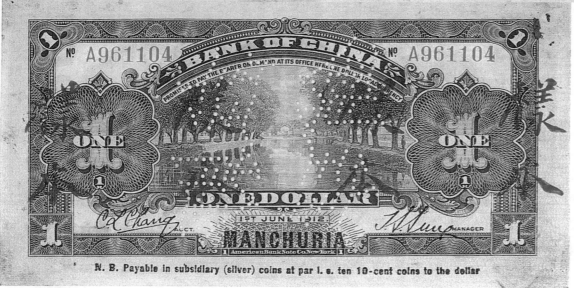

0760
中國人民銀行上海分行 藏
★★★

0761
中國人民銀行上海分行　藏
★★★★

0762
上海博物館　藏
★★

0763

中國人民銀行上海分行　藏

★★

0764

中國人民銀行上海分行　藏

★★

0765
上海博物館　藏
★★

● 匯兌券·美鈔版

0766
中國人民銀行上海分行　藏
★★★

0767

中國人民銀行上海分行　藏

★★★★

● 兌換券·美鈔版

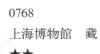

0768

上海博物館　藏

★★

0769
上海博物館　藏
★★★★

0770
中國人民銀行上海分行　藏
★★

0771
中國人民銀行上海分行 藏
★★★

0772
吳籌中 藏
★★★

0773

中國人民銀行上海分行　藏

★★★

0774

吳籌中　藏

★★

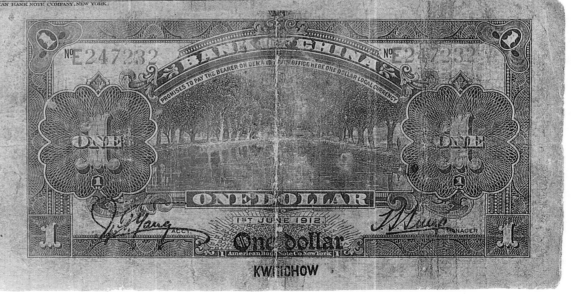

0775
上海博物館　藏
★★★

0776
中國人民銀行上海分行　藏
★★

0777
中國人民銀行上海分行　藏
★★★

0778
中國人民銀行上海分行　藏
★★★

0779
吳籌中　藏
★★★

0780
中國人民銀行上海分行　藏
★★

0781
上海博物館　藏
★★

0782
許義宗　舊藏
★★★★

0783

上海博物館　藏

★★

0784

上海博物館　藏

★★★★

0786

吳籌中　提供

★★★

0785

中國人民銀行上海分行　藏

★★★

0787

中國人民銀行上海分行　藏

★★★

0788

中國人民銀行上海分行　藏

★★★★

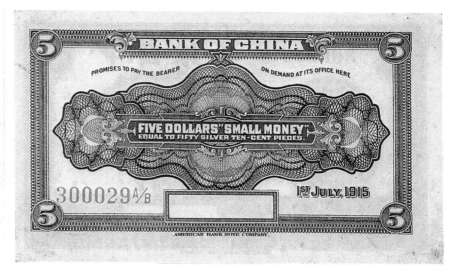

0789

吳籌中　提供

★★★★

0790

中國人民銀行上海分行　藏

★★★★

0791

中國人民銀行上海分行　藏

★★★★

0792　吳籌中　提供

★★★★

0793

中國人民銀行上海分行　藏

★★★★

● 銀元券·上海商務版

0794

中國人民銀行上海分行　藏

★★★★

0795

中國人民銀行上海分行　藏

★★★★

0796

中國人民銀行上海分行　藏

★★★★

0797

吳籌中　藏

★★★

0798

上海博物館　藏

★★★

0799
吴籌中 藏
★★★

0800
吴籌中 藏
★★★

0801
上海博物館 藏
★★★

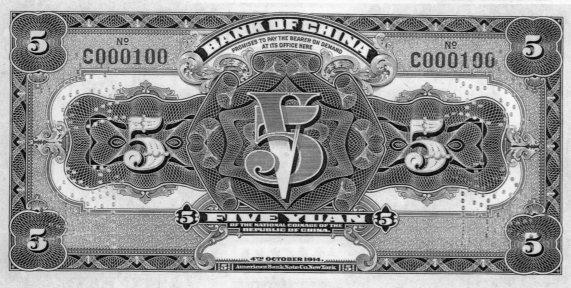

0802
吳籌中 藏
★★★★

0803
上海博物館 藏
★★★★

0804
吳籌中 藏
★★★★

(背圖見413頁)

0805
吴籌中　藏
★★★★

（0804背圖）

0806

上海博物館　藏

★★★★

0807

吳籌中　藏

★★★★

（背圖見 415 頁）

0808
上海博物館　藏
★★★★

(0807 背圖)

0809

中國人民銀行上海分行　藏

★★★★

0810

中國人民銀行上海分行　藏

★★★★

0811

吳籌中藏

★★★★

0812
中國人民銀行上海分行　藏
★★

0813
吳籌中　藏
★★

0814
上海博物館　藏
★★

0815
中國人民銀行上海分行　藏
★★

0816
許義宗　舊藏
★★

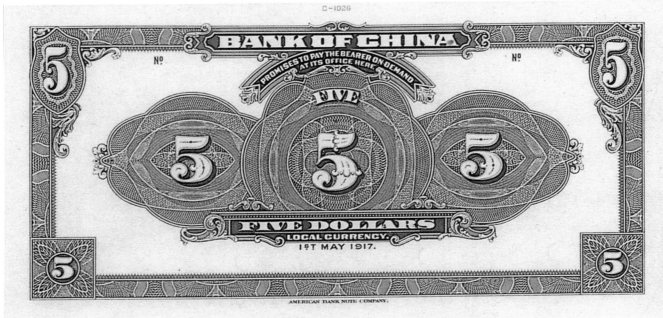

0817
許義宗　舊藏
★★★

0818
吳籌中　藏
★★★★

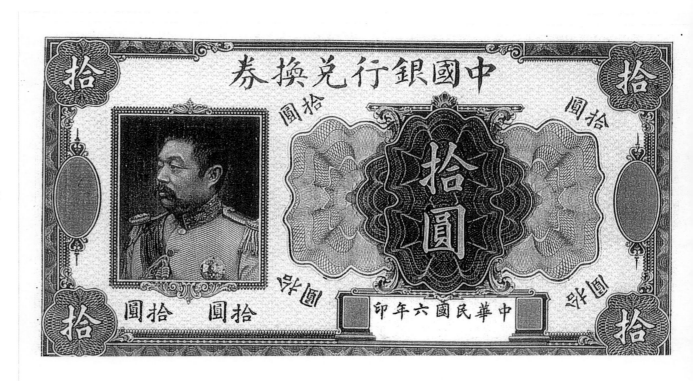

（背圖見421頁）

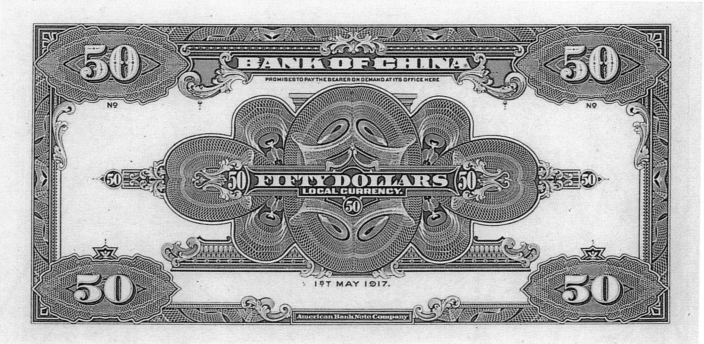

0819

許義宗　舊藏

★★★★

（0818 背圖）

0820
許義宗　舊藏
★★★★

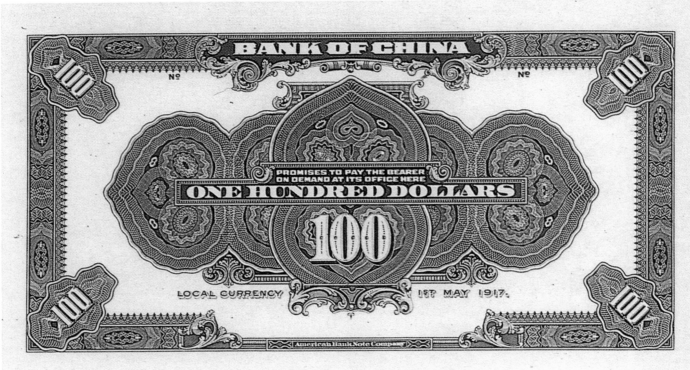

● 國幣輔幣券·財政部版

0821
　上海博物館　藏
★★★

0823
中國人民銀行上海分行　藏
★★

0824
許義宗　舊藏
★★

● 輔幣兌換券・財政部版

0825
苗培貴　藏
★★

0826

苗培貴　藏

★★

0827

許義宗　舊藏

★★

0828

許義宗　舊藏

★★

0829
許義宗　舊藏
★★

0830
中國人民銀行上海分行　藏
★★

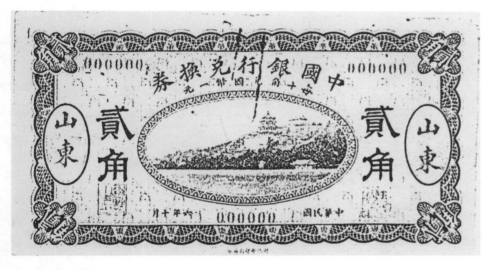

0831
中國人民銀行上海分行　藏
★★

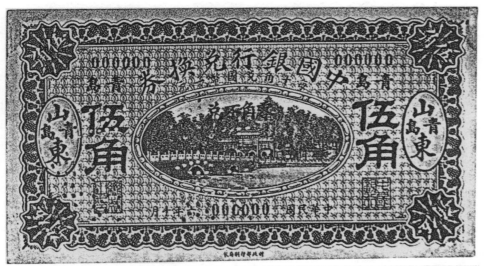

0832
中國人民銀行上海分行　藏
★★

0833
中國人民銀行上海分行　藏
★★

0834
中國人民銀行上海分行　藏
★★

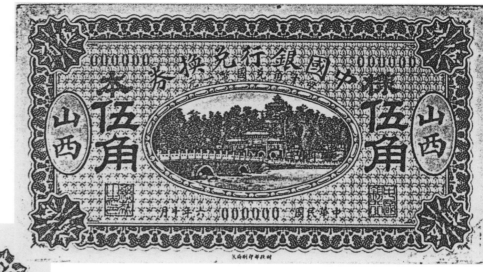

0835
中國人民銀行上海分行　藏
★★

0836
中國人民銀行上海分行　藏
★★

0837
中國人民銀行上海分行　藏
★★

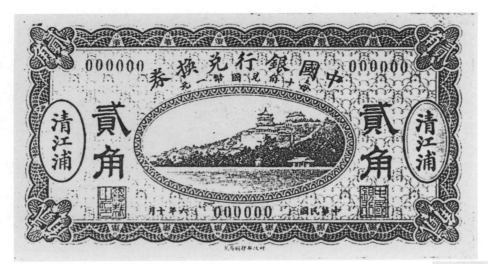

0838
中國人民銀行上海分行　藏
★★

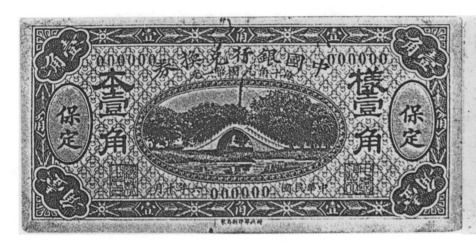

0839
中國人民銀行上海分行　藏
★★

0840
中國人民銀行上海分行　藏
★★

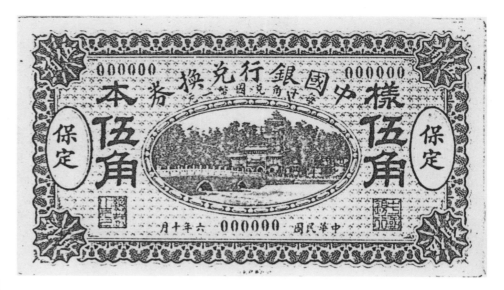

0841

中國人民銀行上海分行　藏

★★

0842

上海博物館　藏

★

0843

上海博物館　藏

★★

上海博物館　藏

★★

0845

中國人民銀行上海分行　藏

★★

0846

上海博物館　藏

★★

0847

上海博物館　藏

★★

0848

中國人民銀行上海分行　藏

★★

0849

許義宗　舊藏

★★

0850

上海博物館　藏

★★

0851

許義宗　舊藏

★★

0852
中國人民銀行上海分行　藏
★★

0853
中國人民銀行上海分行　藏
★★

● 國幣輔幣券·美鈔版

0854
中國人民銀行上海分行　藏
★

0855
許義宗　舊藏
★

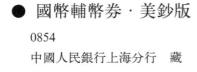

0857

上海博物館　藏

★

0856

吳籌中　藏

★

0858

上海博物館　藏

★

0859

苗培貴　藏

★★

0860
選自《中國紙幣圖說》
★★★

0861
選自《中國紙幣圖說》
★★★

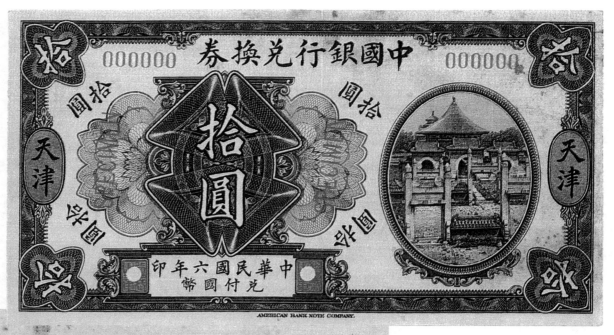

0862

中國人民銀行上海分行　藏

★★★★

0863

選自《中國紙幣圖說》

★★★★

0864

選自《中國紙幣圖説》

★★★★

0865

選自《中國紙幣圖説》

★★

0866
苗培貴　藏
★★

0867
中國人民銀行上海分行　藏
★★★

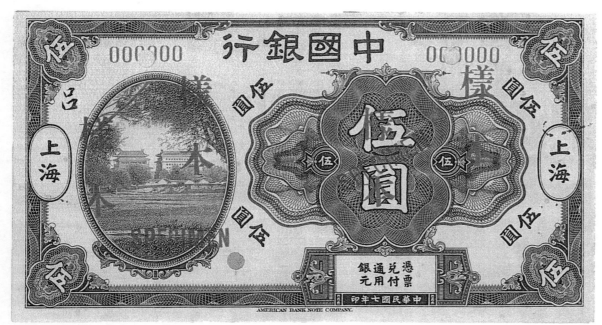

0868
上海博物館 藏
★★★

0869
選自《中國紙幣圖説》
★★★

0870
苗培貴　藏
★★★

0871
上海博物館　藏
★★★

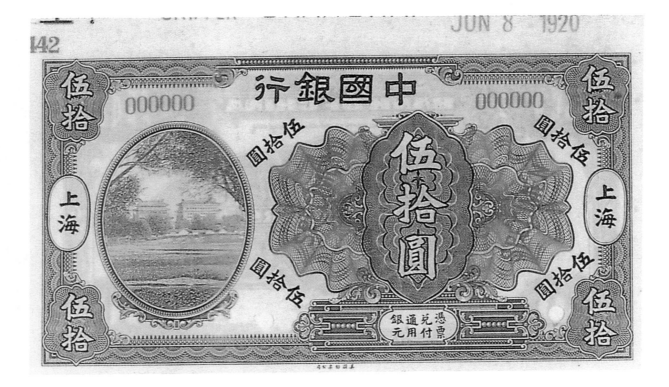

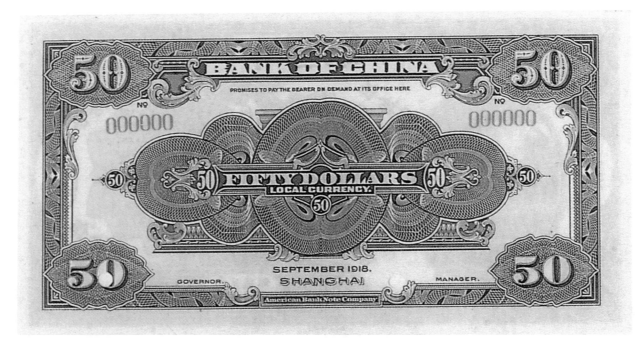

0872
選自《中國紙幣圖説》
★★★★

0873
選自《中國紙幣圖説》
★★★★

（背圖見441頁）

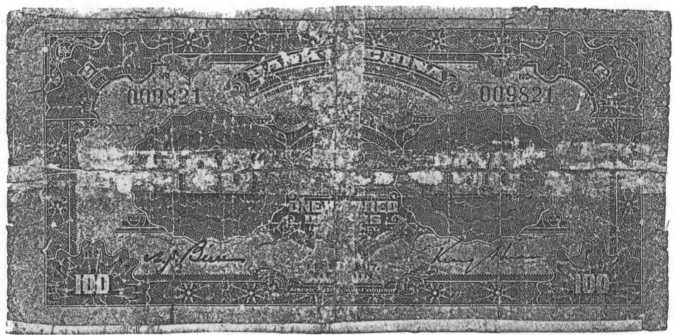

0874
吴籌中 藏
★★★★

（0873 背圖）

0875

上海博物館　藏

★★★★

0876
上海博物館　藏
★★

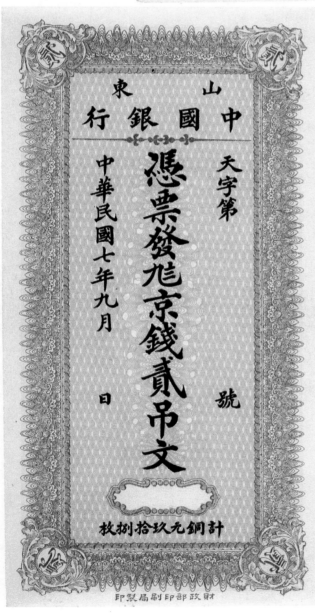

0877
上海博物館　藏
★★

0878
苗培貴　藏
★★★

0879
上海博物館　藏
★★★

0880
吴籌中　藏
★★

● 國幣券·美鈔版

0881
選自《中國紙幣圖説》
★

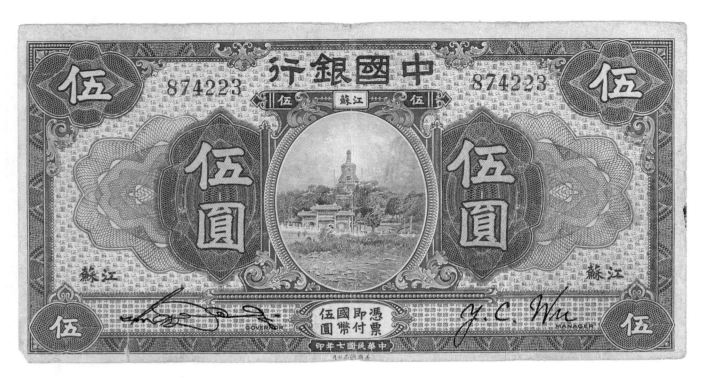

0882

上海博物館　藏

★★

0883

上海博物館　藏

★★

（背圖見 447 頁）

0884
選自《中國紙幣圖說》
★

（0883 背圖）

0885

中國人民銀行上海分行　藏

★

0886

選自《中國紙幣圖說》

★★

0887
上海博物館　藏
★★

0888
許義宗　舊藏
★★

0889
上海博物館 藏
★★

0890
許義宗 舊藏
★★

0891
上海博物館 藏
★★

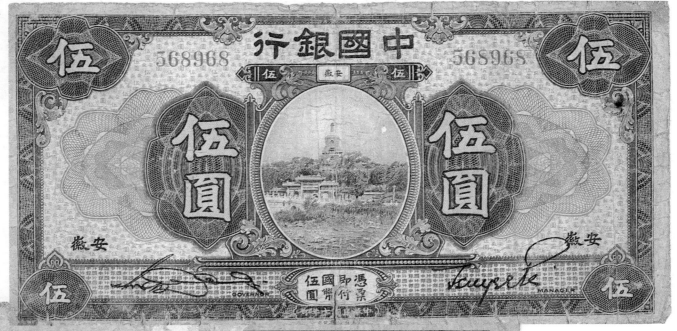

0892
上海博物館 藏
★★

0893
許義宗　舊藏
★★

0894
上海博物館　藏
★★

(背圖見 453 頁)

0895
許義宗 舊藏

（0894背圖）

0896

吴籌中　藏

0897

許義宗　舊藏

0898

吴籌中　藏

0899

許義宗　舊藏

0900
吴筹中 藏

0901
吴筹中 藏

0902
吴筹中 藏

0903
吴筹中 藏

★

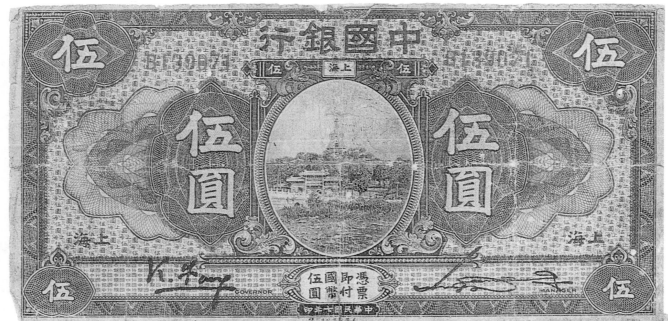

0904
吴籌中 藏
★

0905
吴籌中 藏
★

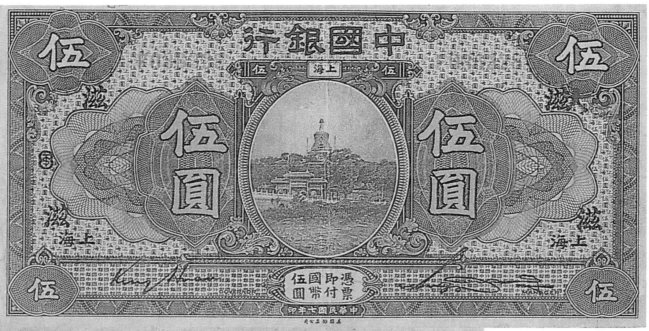

0906
許義宗　舊藏
★

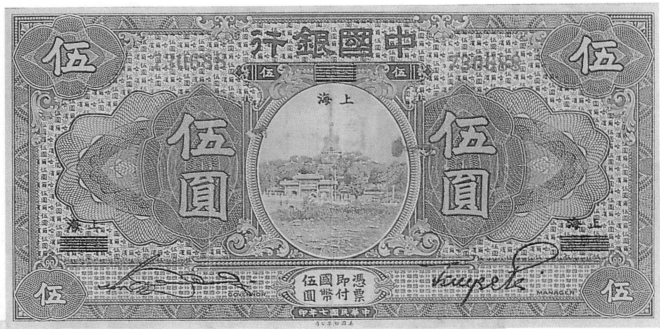

0907
許義宗　舊藏
★

0908
許義宗　舊藏
★

0909
苗培貴　藏
★

0910
吴筹中 藏
★

0911
苗培贵 藏
★

F9295

0912
許義宗　舊藏
★

0913
苗培貴　藏
★

0914
吴籌中　藏
★

0915
上海博物館　藏
★

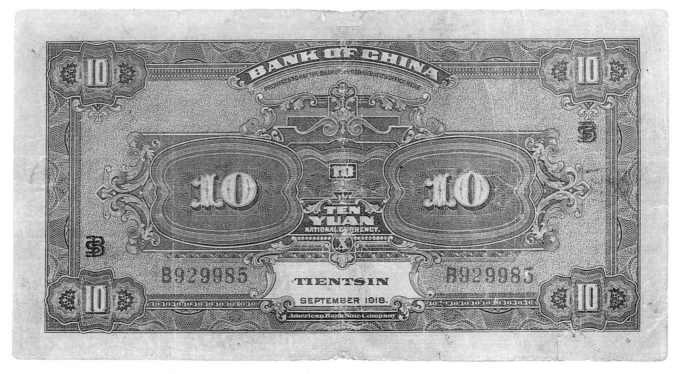

0916
吴籌中 藏
★★

0917
吴籌中 藏
★★

（背圖見465頁）

0918
苗培貴 藏
★★

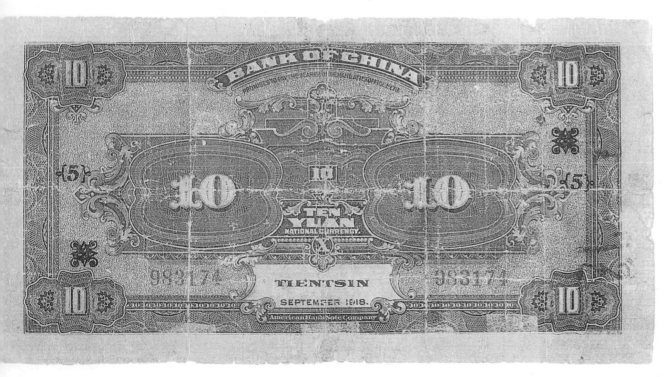

（0917背圖）

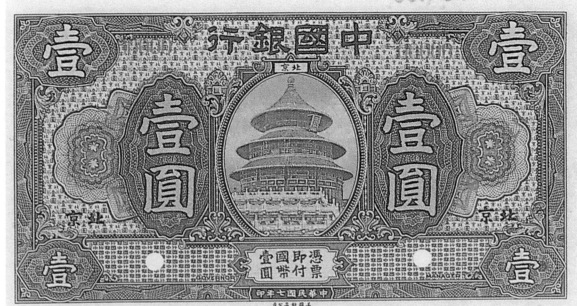

0919
選自《中國紙幣圖説》
★★

0920
許義宗　舊藏
★★

F6017

0921
許義宗　舊藏
★★★

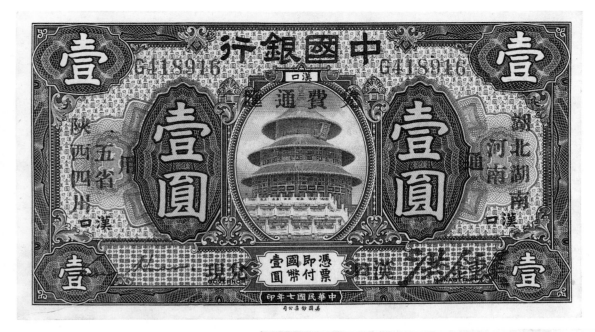

0922
上海博物館　藏
★★

0923
苗培貴　藏
★

0924
上海博物館　藏
★★★

0925
上海博物館　藏
★★

0926
苗培貴 藏
★★

0927
苗培貴 藏
★★★

0928

許義宗　舊藏

★★

0929

苗培貴　藏

★★

0930

上海博物館　藏

★★

0931
許義宗　舊藏
★

0932
吳籌中　藏
★

0933
上海博物館　藏
★

0934
許義宗　舊藏
★

0935
許義宗　舊藏
★

0936
吴籌中 藏
★

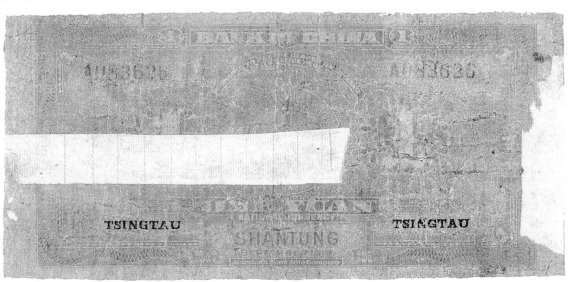

0937
吴籌中 藏
★

0938
吴筹中 藏
★

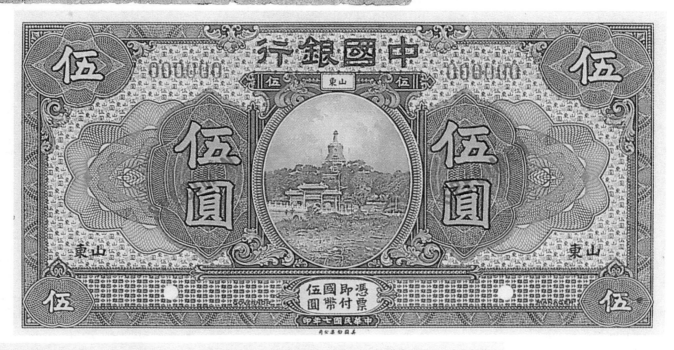

0939
許義宗 舊藏
★★

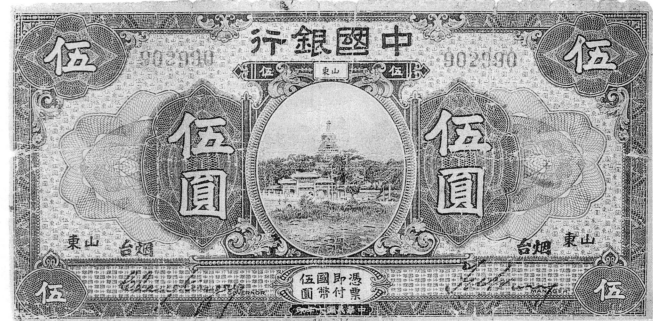

0940
吴筹中 藏
★

0941
苗培贵 藏
★

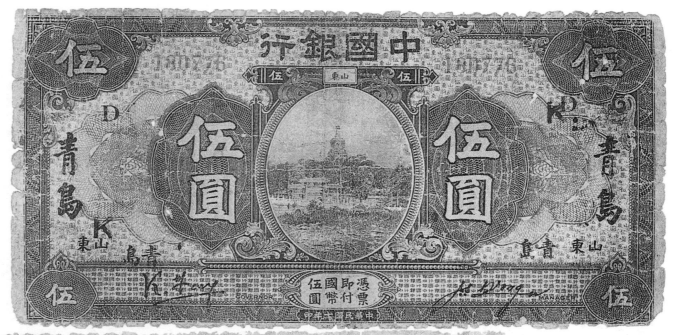

0942
吴筹中 藏
★

0943
吴筹中 藏
★

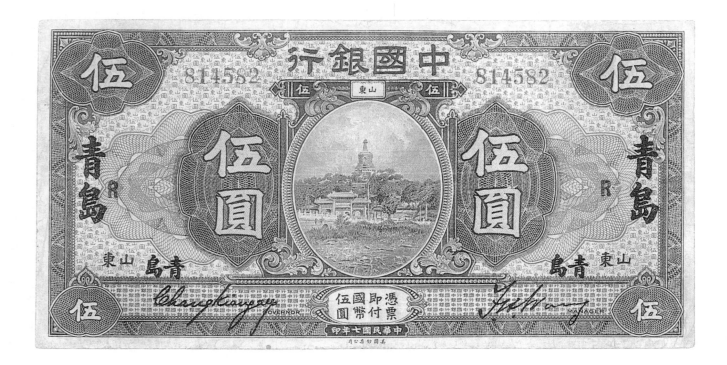

0944
吴籌中　藏
★

0945
許義宗　舊藏
★★

(背圖見481頁)

0946

苗培貴 藏

★★

(0945 背圖)

0947

吴筹中 藏

★★

0948

吴筹中 藏

★★

(背圖見483頁)

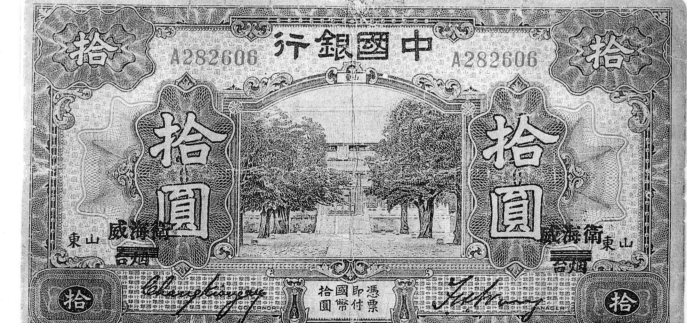

0949
吴筹中 藏
★★

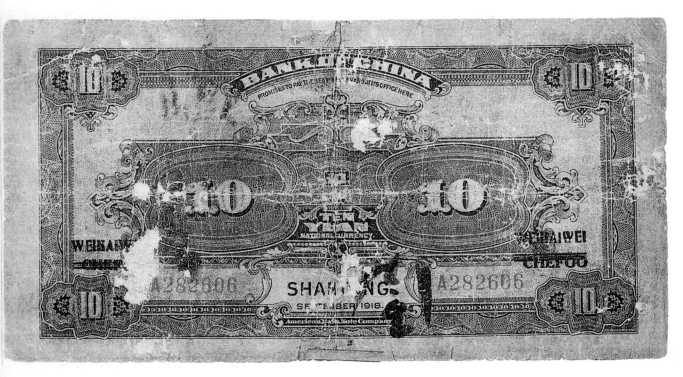

（0948背图）

0950
苗培貴　藏
★★

0951
苗培貴　藏
★★

(背圖見485頁)

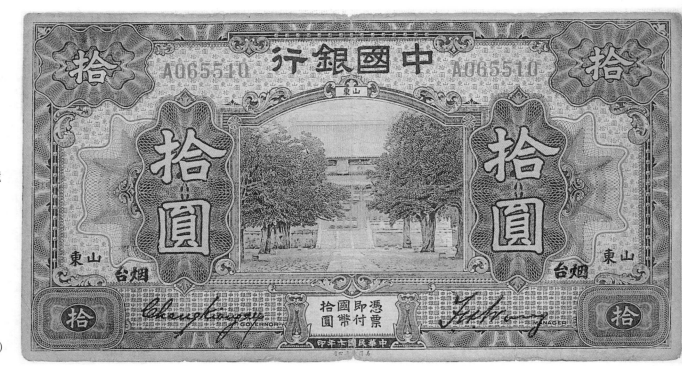

0952
苗培贵 藏
★★

（0951 背圖）

0953
吴籌中 藏
★★

0954
吴籌中 藏
★★

（背圖見487頁）

0955
吴筹中 藏
★★

（0954背圖）

0956
許義宗　舊藏
★★

0957
吳籌中　藏
★

0958
選自《中國紙幣圖說》
★

0959
吳籌中 藏
★

0960
許義宗 舊藏
★

0961
許義宗 舊藏
★★

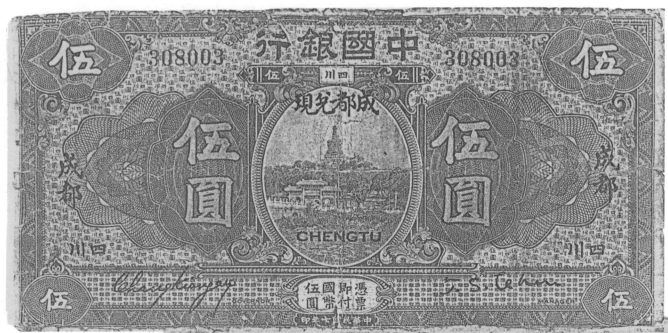

0962
吳籌中 藏
★★

0963
苗培貴　藏
★★

0964
上海博物館 藏
★★

0965
選自《中國紙幣圖説》
★

0966
選自《中國紙幣圖說》
★★

0967
許義宗　舊藏
★

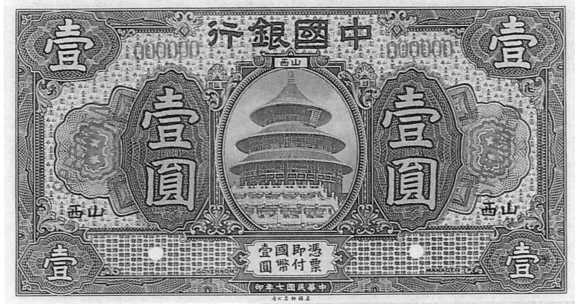

0968
選自《中國紙幣圖說》
★

0969
選自《中國紙幣圖說》
★★

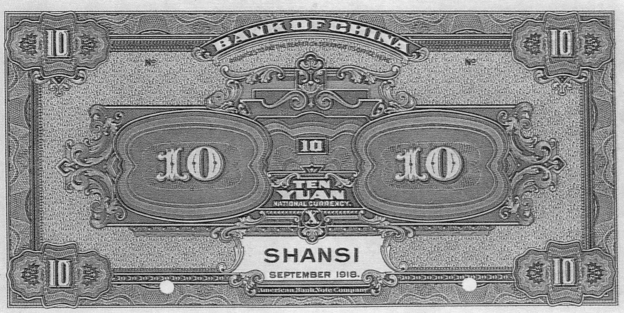

0970
許義宗　舊藏
★★

0971

選自《中國紙幣圖說》

★

0972
許義宗　舊藏
★★

0973
許義宗　舊藏
★★

（背圖見 497 頁）

0974
選自《中國紙幣圖說》
★

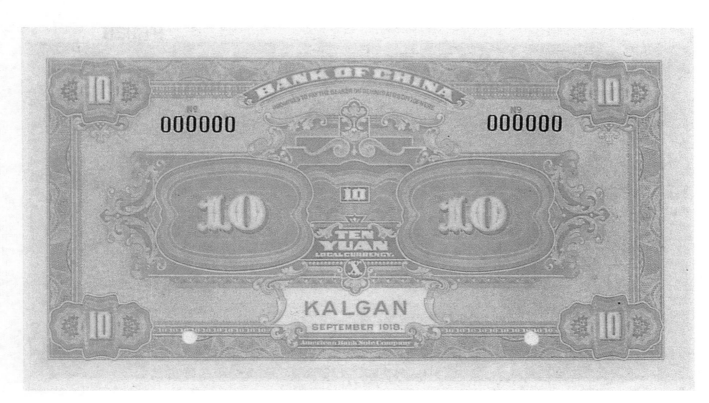

（0973 背圖）

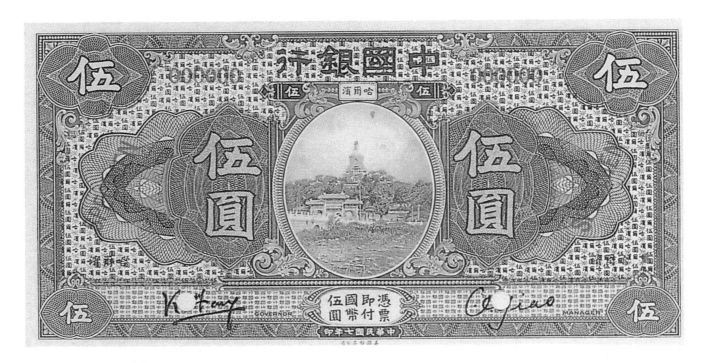

0975

選自《中國紙幣圖說》

★★

0976

許義宗　舊藏

★★

（背圖見 499 頁）

0977
苗培贵 藏
★

(0976背图)

0978

王煒 藏

★★

0979
王煒 藏
★★

0980
王煒 藏
★

0981
許義宗 舊藏
★★

0982
王煒 藏
★★

0983
王煒 藏
★★

0984
王煒 藏
★

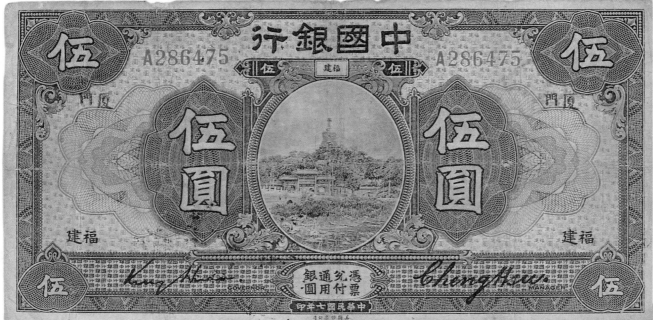

0985
苗培貴 藏
★★

0986
苗培貴 藏
★★

0987

吳籌中　藏

★

0988

中國人民銀行上海分行　藏

★

0989

中國人民銀行上海分行　藏

★

0990

上海博物館　藏

★★

0991
中國人民銀行上海分行　藏
★★

● 國幣券・財政部版

0992
吳籌中　藏
★

0993
許義宗 舊藏
★

0994
許義宗 舊藏
★

0995
吴筹中 藏
★

0996
吴筹中 藏
★★

0997
許義宗 舊藏
★★

● 國幣券・美鈔版

0998
中國人民銀行上海
分行 藏
★★

0999

吴筹中 藏

★★

1000
苗培贵 藏
★★

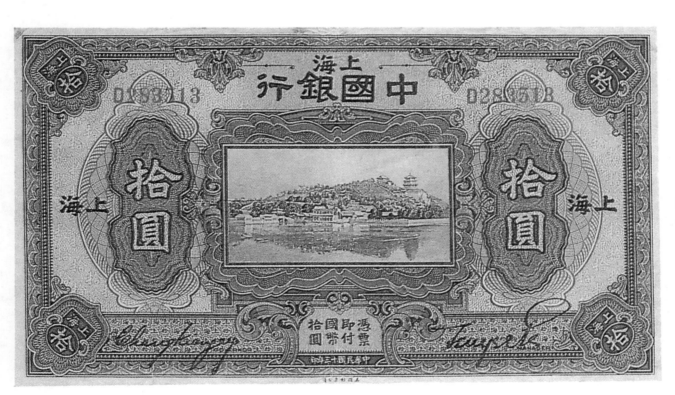

1001
许义宗 旧藏
★★

1002

中國人民銀行上海分行　藏

1003

中國人民銀行上海分行　藏

1005

吳籌中　藏

1004

中國人民銀行上海分行　藏

1006

中國人民銀行上海
分行　藏

1008
許義宗　舊藏
★

1007
許義宗　舊藏
★

1011
王煒　藏
★

1009
中國人民銀行上海分行　藏
★

1010
中國人民銀行上海分行　藏
★

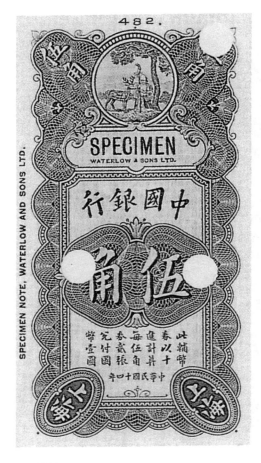

1012

許義宗　舊藏

★

1014

許義宗　舊藏

★

1013

中國人民銀行上海分行　藏

★

1015

許義宗　舊藏

★★

1016

許義宗　舊藏

★★★

1017

上海博物館　藏

★★★

(背圖見 517 頁)

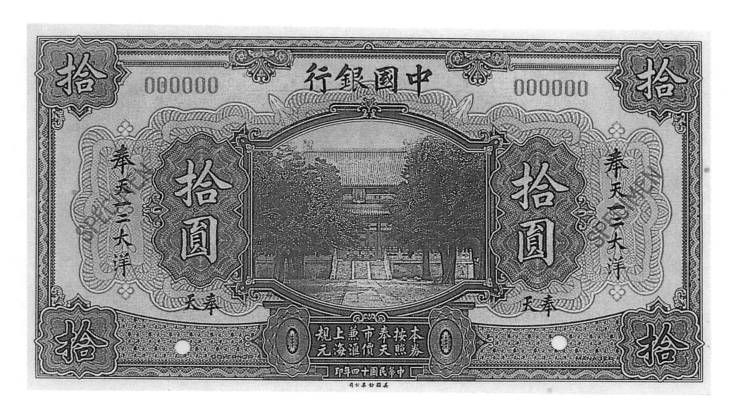

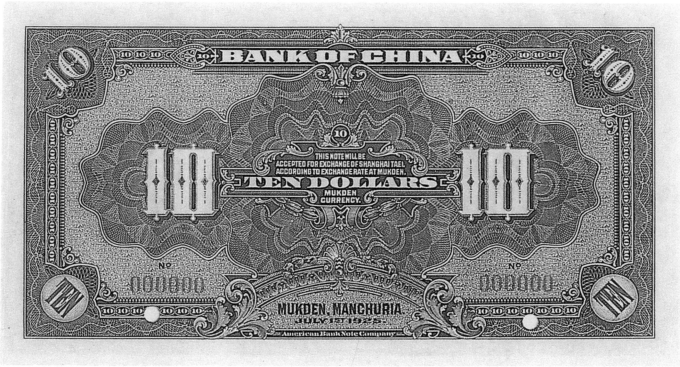

1018

許義宗　舊藏

★★★

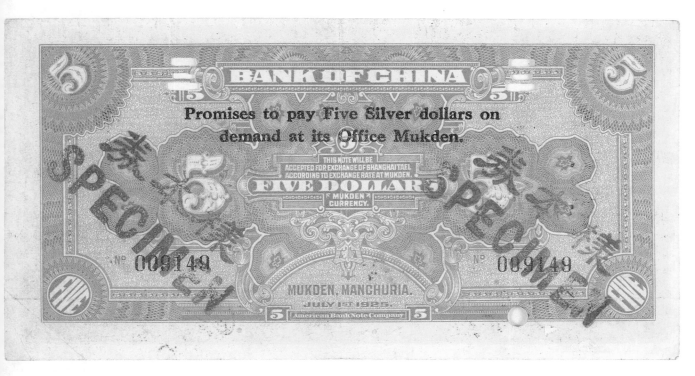

(1017背圖)

1019
上海博物館　藏
★★★

● 國幣券・美鈔版

1020
許義宗　舊藏
★★

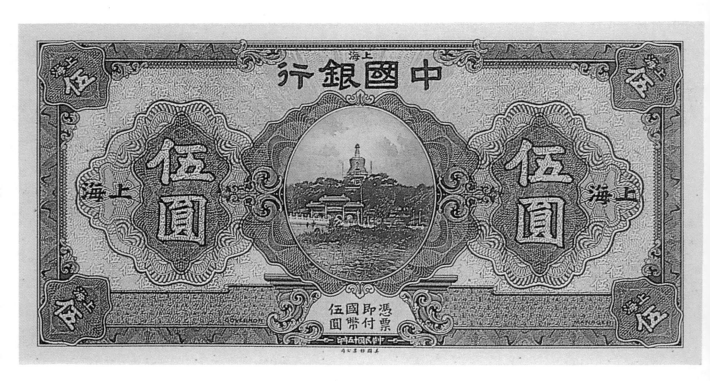

（背圖見519頁）

1021
王煒　藏

（1020背圖）

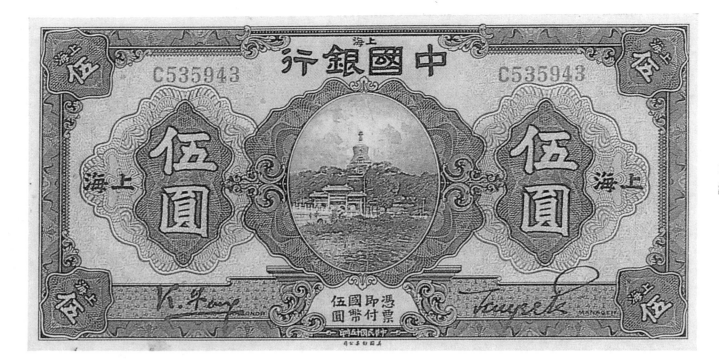

1022
許義宗　舊藏

1023
許義宗　舊藏

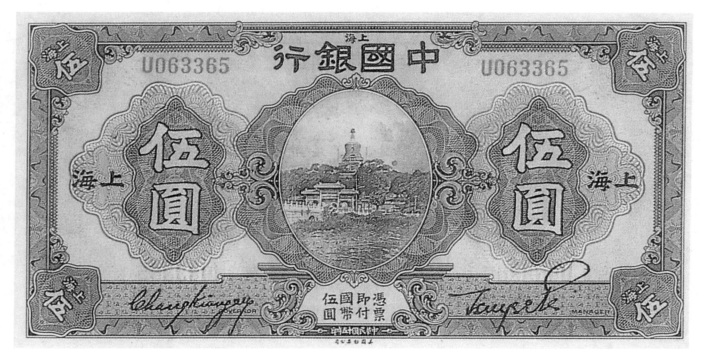

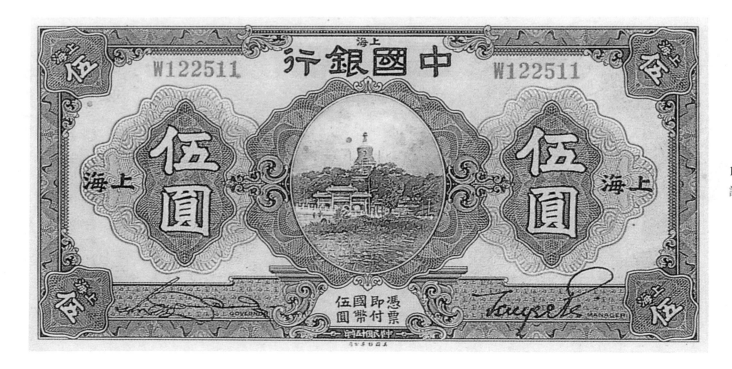

1024
許義宗　舊藏

1025
許義宗　舊藏

1026
許義宗　舊藏

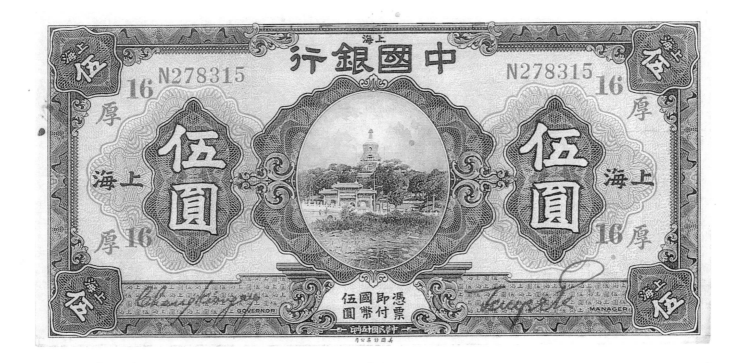

1027
吳籌中　藏

1028
許義宗　舊藏

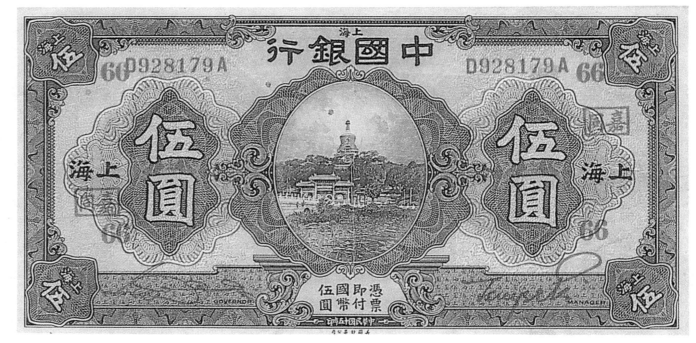

1029
王煒 藏
★

1030
吳籌中 藏

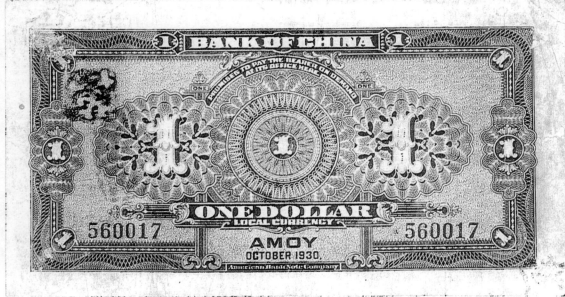

1031
吴籌中 藏

1032
王煒 藏
★★

(背圖見525頁)

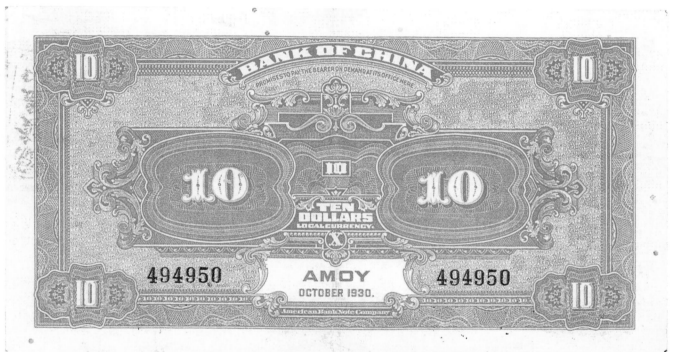

1033
王煒 藏
★★

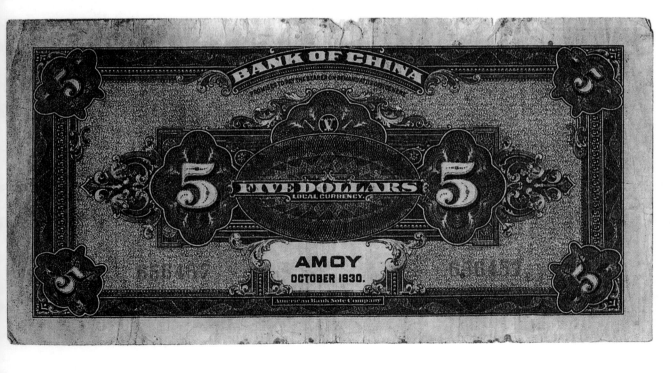

(1032 背圖)

1034
吳籌中 藏

1035
許義宗 舊藏

1036
苗培貴　藏

1037　許義宗　舊藏

1038
吴籌中 藏

1039
許義宗 舊藏

1040
許義宗 舊藏
★

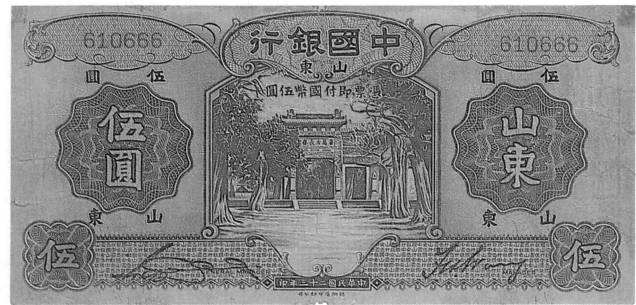

1041
吴筹中 藏
★

1042
吴筹中 藏

1043
吴籌中 藏

1044
吴籌中 藏

1045
許義宗 舊藏
★

1046
吳籌中 藏
★

1047
苗培贵　藏
★

1048
苗培贵　藏
★★★★

1049
許義宗 舊藏
★★★★

1050
苗培貴 藏

1051
吴籌中 藏

1052
吴籌中 藏

1053

許義宗　舊藏

1054

苗培貴　藏

1055
吳籌中 藏

● 國幣券·德納羅版

1056
吳籌中 藏

1057
吴籌中 藏

1058
吴籌中 藏

1059
許義宗　舊藏

1060
吳籌中　藏

1061
許義宗　舊藏

1062
苗培貴　藏

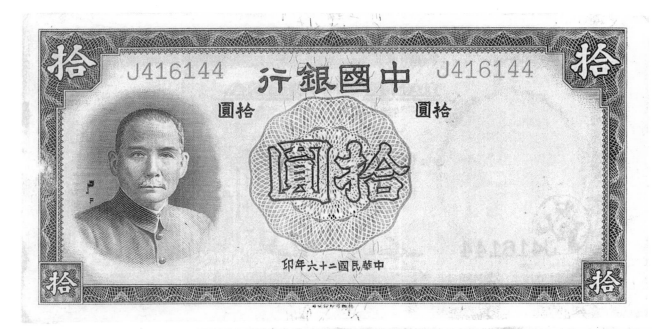

1063
吴筹中 藏

1064
苗培贵 藏

1065
許義宗　舊藏
★★★

1066
選自《中華集幣會刊》
★★★

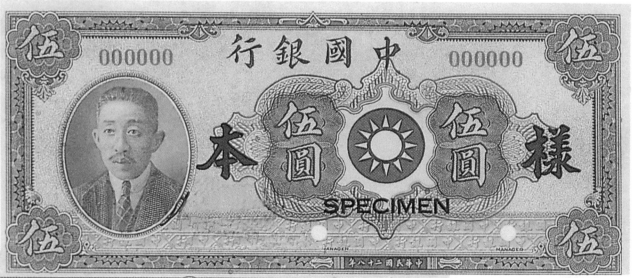

1067
許義宗　舊藏
★★★

1068
選自《中華集幣會刊》
★★★

1069
許義宗　舊藏
★★★

1070
選自《中華集幣會刊》
★★★

1071
吳籌中 藏

1072
吳籌中 藏

1073
吳籌中 藏

1074
苗培贵 藏

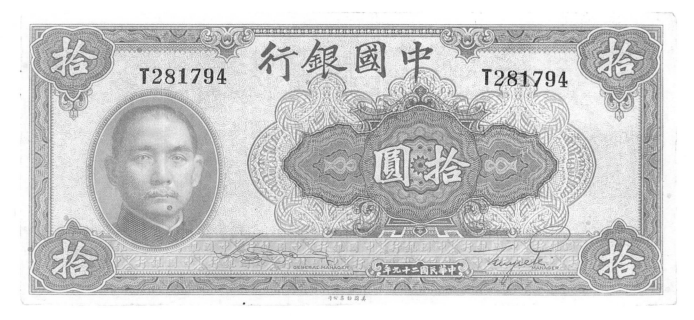

1075
吴筹中 藏

1076
苗培貴　藏

1077
吳籌中　藏

1078
吳籌中 藏

1079
中國人民銀行上海分行 藏

1080
吴籌中 藏

1081
中國人民銀行
上海分行 藏

1082
苗培貴 藏

1083
苗培貴 藏

1084
吴籌中 藏

● 國幣券・商務版

1085
上海博物館 藏

1086
苗培貴 藏

1087
苗培貴 藏

1088
上海博物館 藏

1089
吳籌中 提供
★

● 國幣輔幣券

1090
許義宗 舊藏
★

1091
吳籌中　提供
★

1092
許義宗　舊藏
★

● 國幣券·美鈔版

1093
許義宗　舊藏
★★

1094
許義宗 舊藏
★★

1095
吳籌中 提供
★★

1097
許義宗　舊藏
★★

1096
許義宗　舊藏
★★

1098
吳籌中　提供
★★

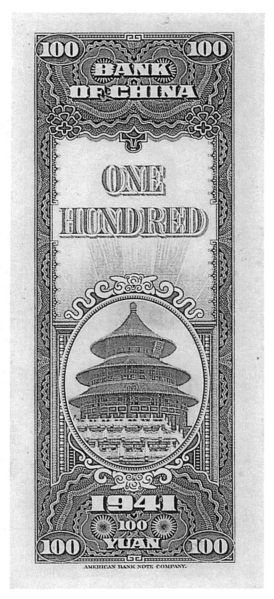

1100

許義宗　舊藏

★★★

1101

許義宗　舊藏

★★★★

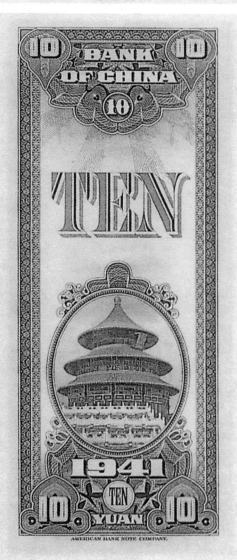

1099

許義宗　舊藏

★★

1102

許義宗　舊藏

1103

吳籌中　藏

（背圖見 557 頁）

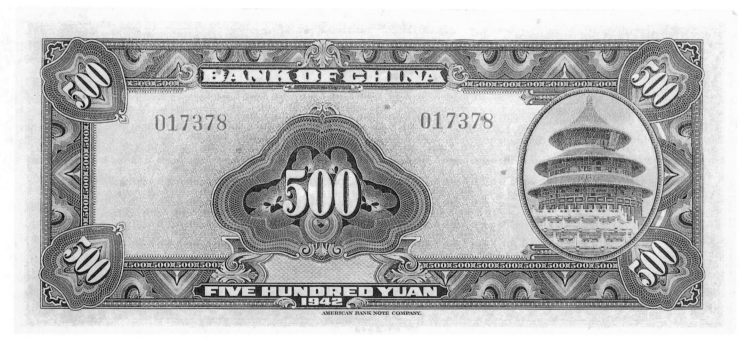

1104
苗培貴　藏
★★★

(1103 背圖)

1105
許義宗　舊藏
★★★

1106
苗培貴　藏
★★★★

1107
吳籌中 提供
★★

● 金圓券·本票

1108
許義宗 舊藏
★★

1109
許義宗　舊藏
★★

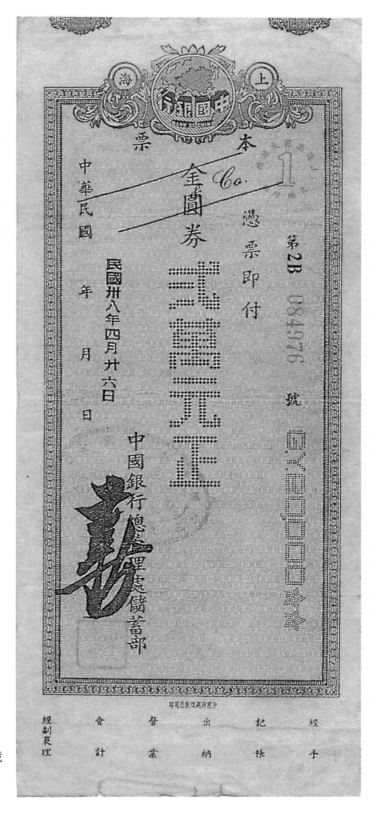

1110
許義宗　舊藏
★★

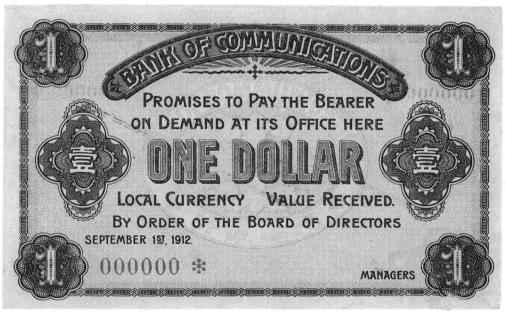

1111
上海博物館　藏
★★★

1112
選自《交通銀行發行紙幣圖册》
★★★

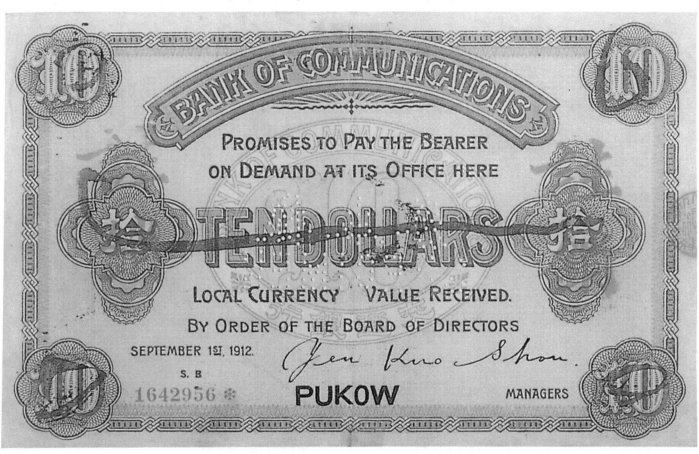

1113

選自《中國紙幣圖說》

★★★

1114

上海博物館　藏

★★★

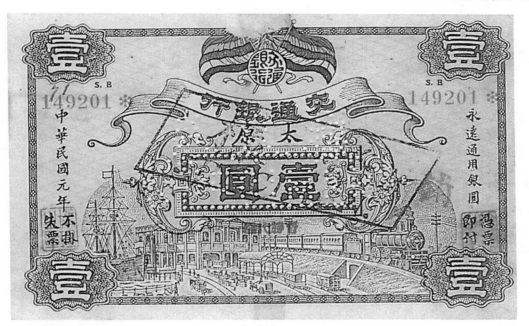

1115

選自《中國紙幣圖説》

★★★

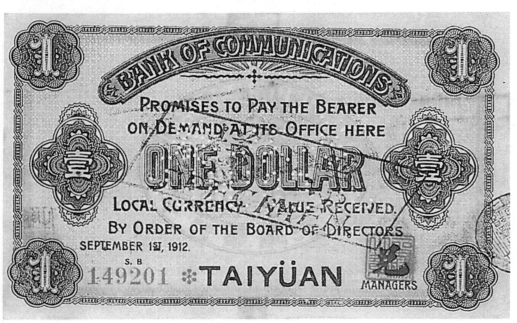

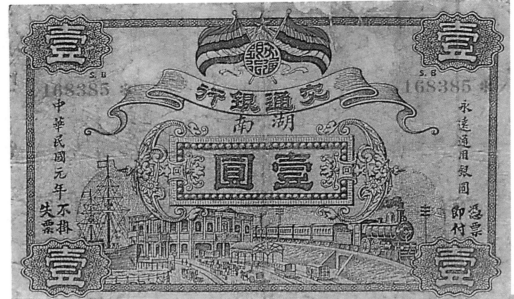

1116
選自《中國紙幣圖說》
★★★

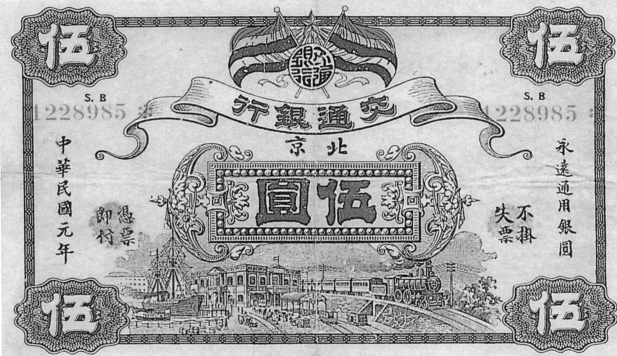

1117
選自《中國紙幣圖說》
★★★

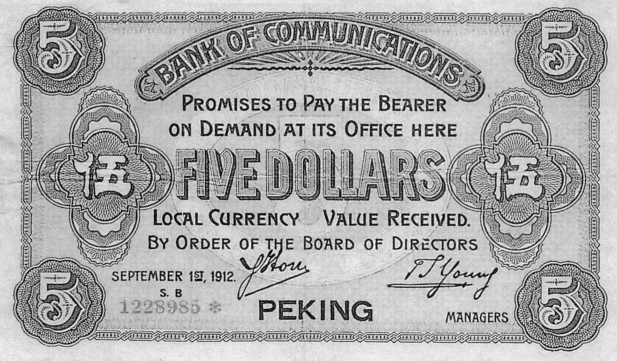

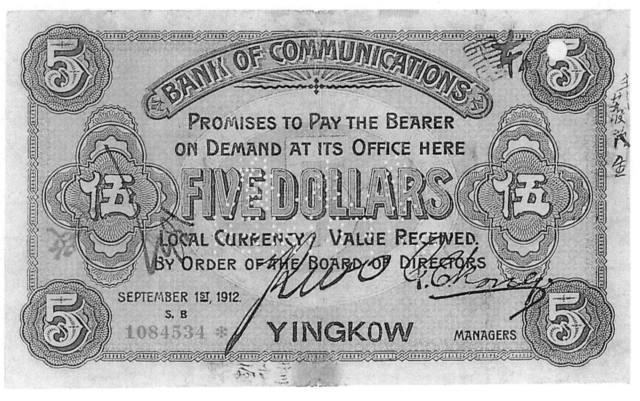

1118
選自《中國紙幣圖說》
★★★

1119

上海博物館　藏

★★★

1120

上海博物館　藏

★★★

(背圖見 567 頁)

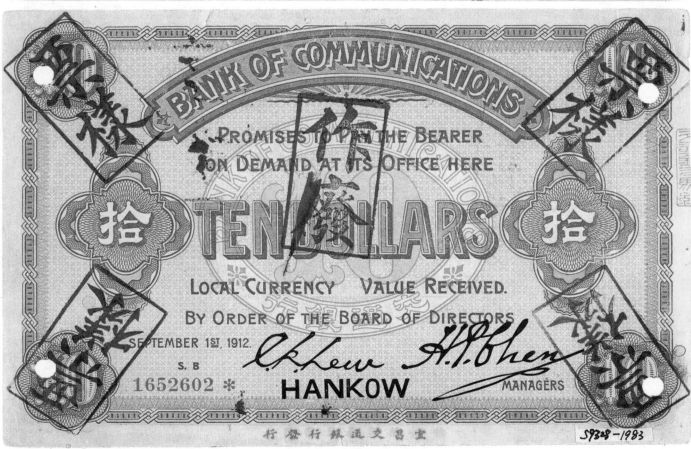

1121
上海博物館　藏
★★★★

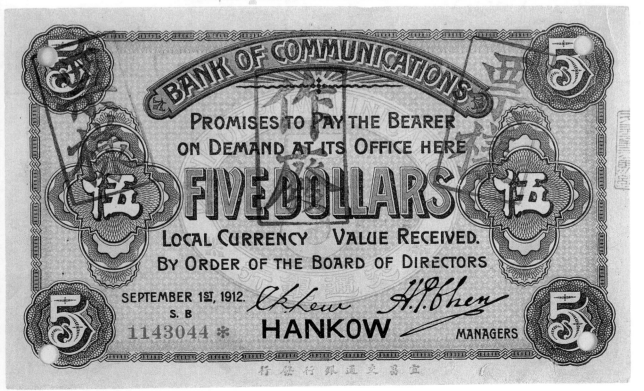

（1120背圖）

1122

上海博物館　藏

★★★★

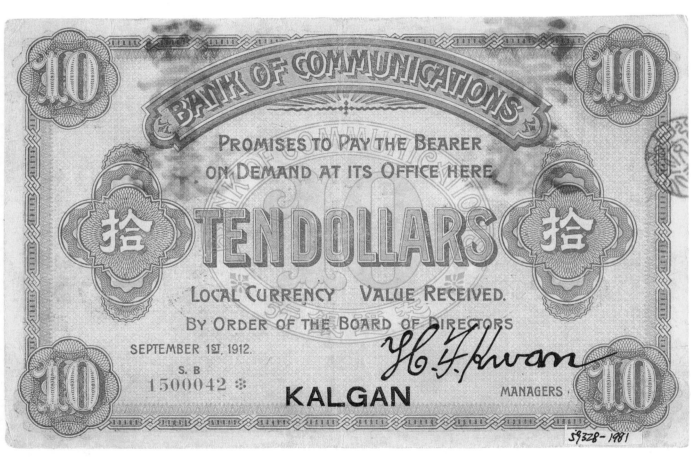

1123

上海博物館　藏

★★★★

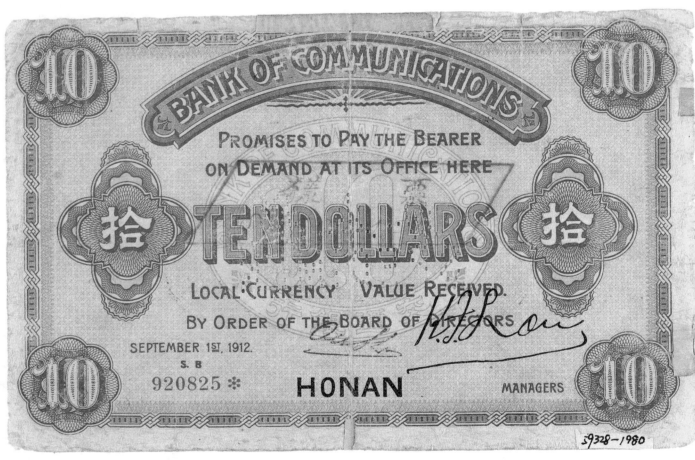

1124
上海博物館　藏
★★★★

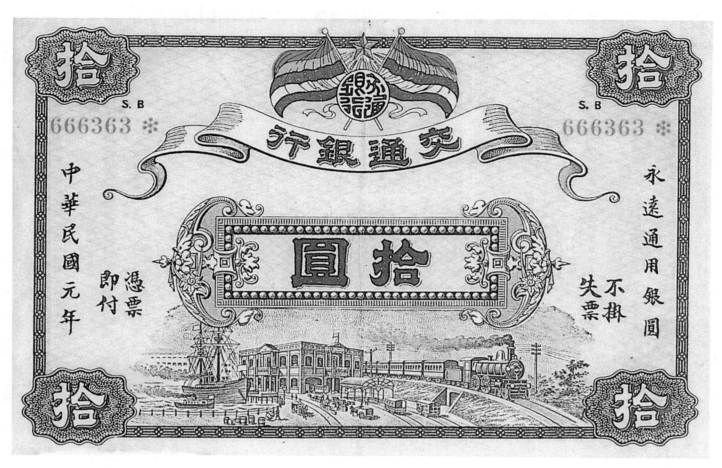

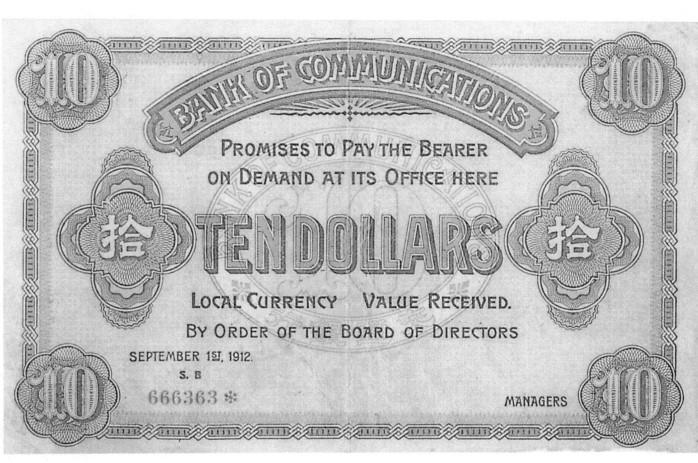

1125

選自《中國紙幣圖說》

★★★★

1126
許義宗　舊藏
★★★★

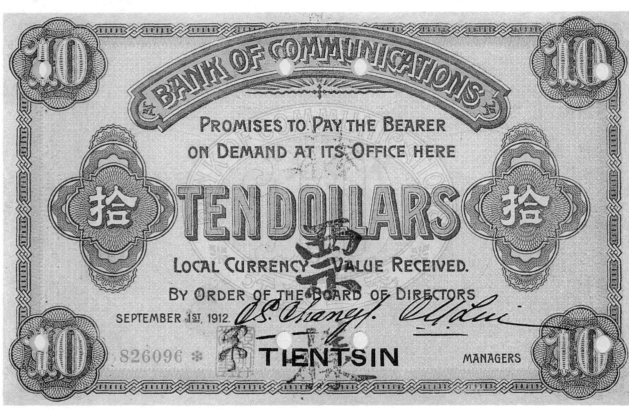

● 小銀元輔幣券

1127
上海博物館　藏
★★

（背圖見573頁）

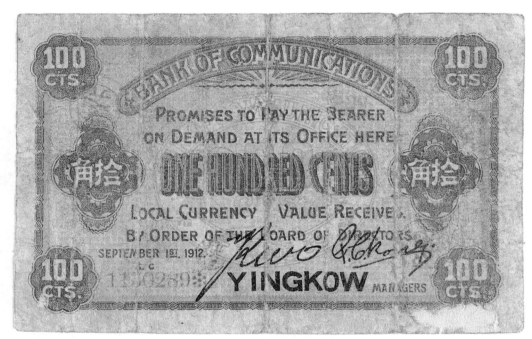

1128
上海博物館 藏
★★★

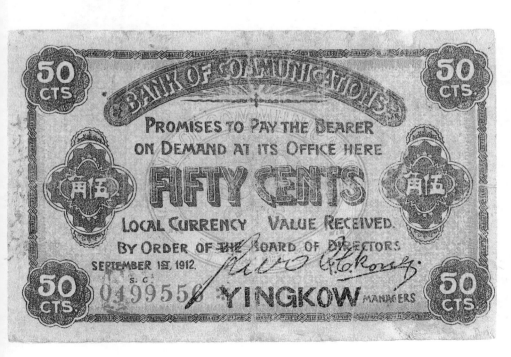

(1127背圖)

1129

吴籌中 提供

★★★

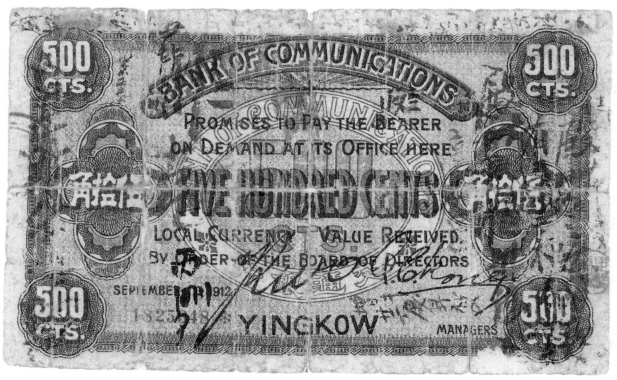

1130

上海博物館 藏

★★★★

1131
選自《中國紙幣圖說》
★★★★

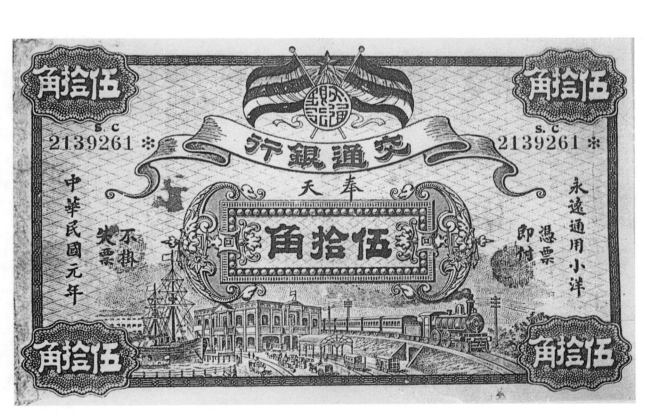

1132
選自《交通銀行發行紙幣圖冊》
★★★

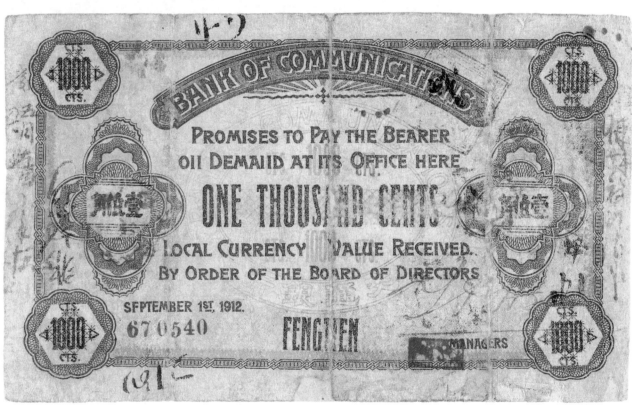

1133
上海博物館　藏
★★★★

1134
選自《中國紙幣圖說》
★★★

1135
上海博物館　藏
★★★★

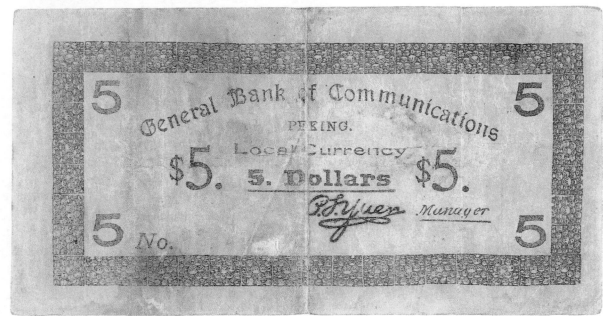

● 銀兩券

1136
選自《交通銀行發行紙幣圖册》
★★★★

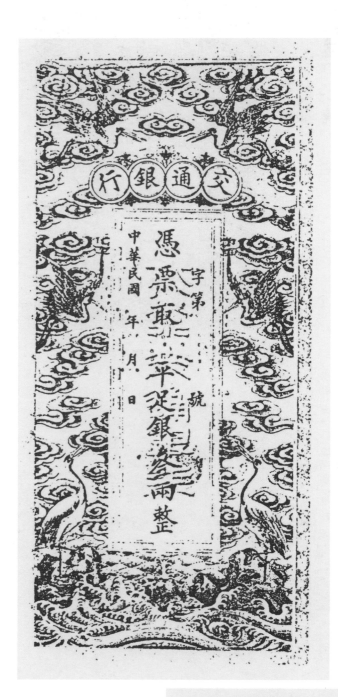

1137
上海博物館　藏
★★★★

選自《交通銀行發行紙幣圖册》

第壹版銅元貳拾枚券

正　面

1138
選自《交通銀行發行紙幣圖冊》
★★★

1139
上海博物館　藏
★★★★

1140
吳籌中　提供
★★★★

1141
吳籌中　提供
★★★★

1142
選自《中國紙幣圖說》
★★★★

1143
選自《交通銀行發行紙幣圖冊》
★★★★

1144
選自《交通銀行發行紙幣圖冊》
★★★★

第叁版銅元伍百枚券

正　面

● 銀元券·美鈔版

1145
選自《中國紙幣圖説》
★★

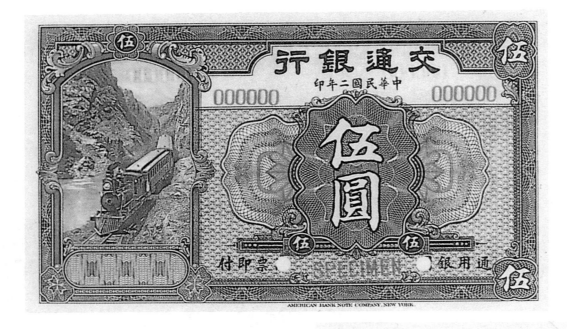

1146

選自《中國紙幣圖說》

★★

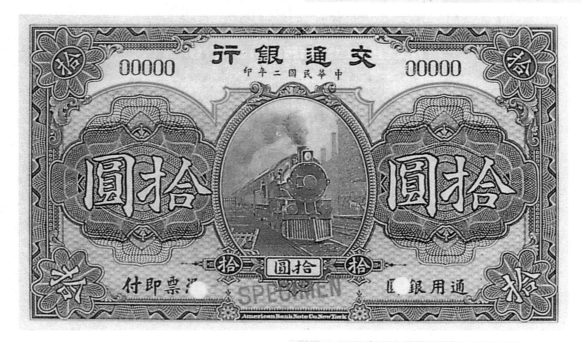

1147

選自《中國紙幣圖說》

★★

1148
選自《中國紙幣圖說》
★★★

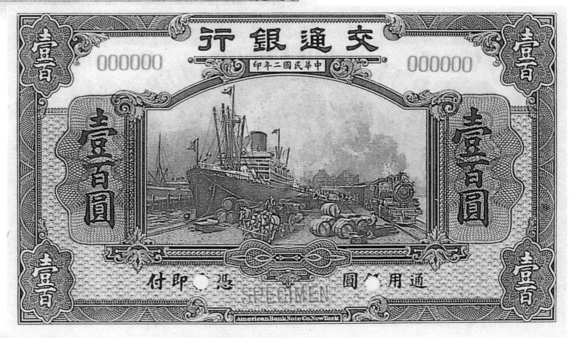

1149
選自《中國紙幣圖說》
★★★

1150

上海博物館　藏

★★

1151

上海博物館　藏

★★

1152
上海博物館　藏
★★★

1153
上海博物館　藏
★★★★

1154

上海博物館　藏

★★★★

1155

上海博物館　藏

★★

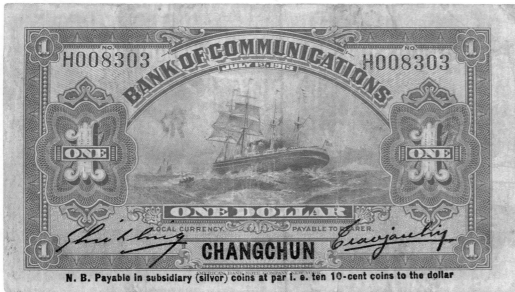

1156

上海博物館　藏

★★

1157

選自《中國紙幣圖說》

★★

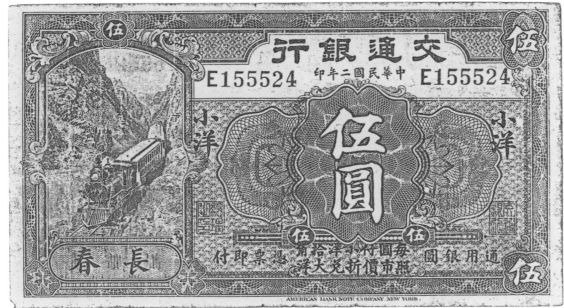

1158
吴筹中 藏
★★★

1159
上海博物馆 藏
★★★★

1160
上海博物館　藏
★★★★

1161
上海博物館　藏
★★★★

1162
上海博物館　藏
★★

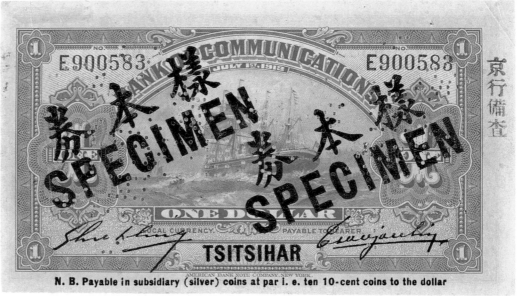

1163
上海博物館　藏
★★★

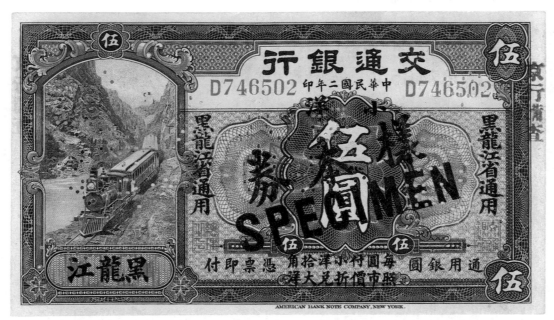

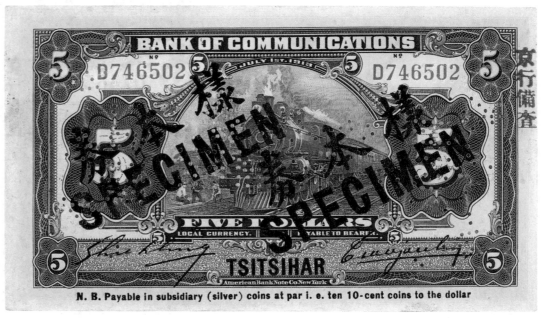

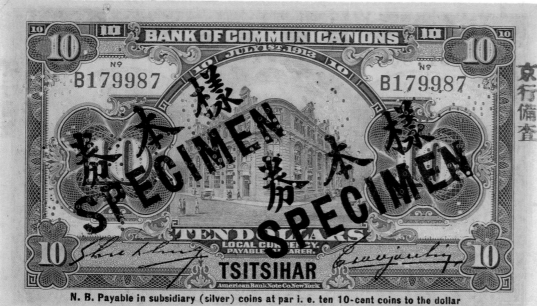

1164
上海博物館　藏
★★★★

1165
上海博物館　藏
★★

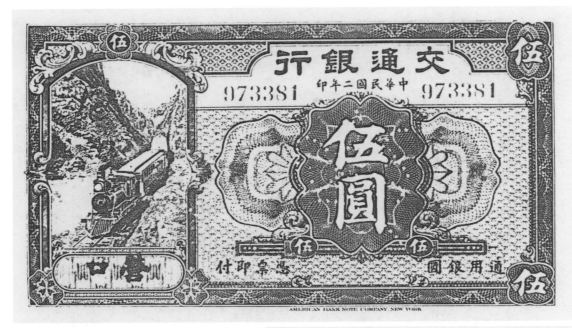

1166

上海博物館　藏

★★★

1167

上海博物館　藏

★★★★

1168
上海博物馆 藏
★★

1169
上海博物馆 藏
★★

1170

上海博物館　藏

★★★

1171

許義宗　舊藏

★★★

1172

上海博物館　藏

★★★★

1173

選自《交通銀行發行紙幣圖册》

★★★★

1174
吴筹中 藏
★★

1175
许义宗 旧藏
★★★

1176
吴筹中 提供
★★★

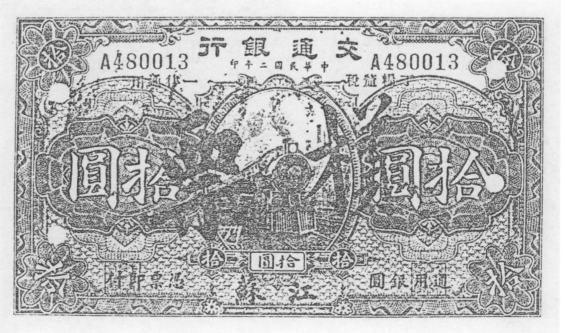

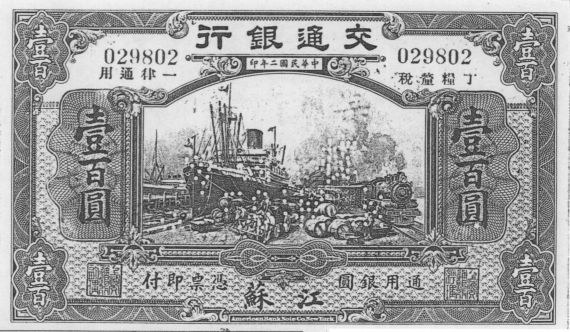

1177
吴筹中 藏
★★★★

1178
吴筹中 提供
★★

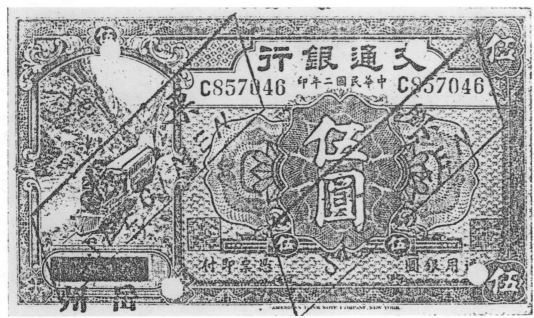

1179
吴筹中 提供
★★★

1180
上海博物館 藏
★★

1181
上海博物館 藏
★★★

1182
上海博物馆　藏
★★★★

1183
上海博物馆　藏
★★

1184
上海博物館　藏
★★★

1185
上海博物館　藏
★★★★

1186
選自《交通銀行發行紙幣圖冊》
★★

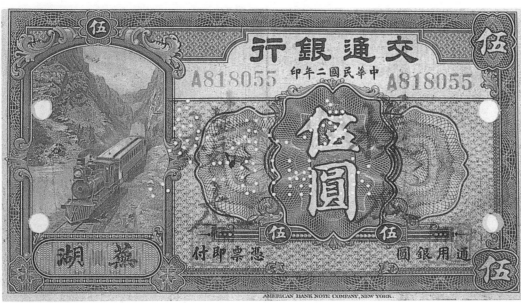

1187
選自《交通銀行發行紙幣圖冊》
★★★

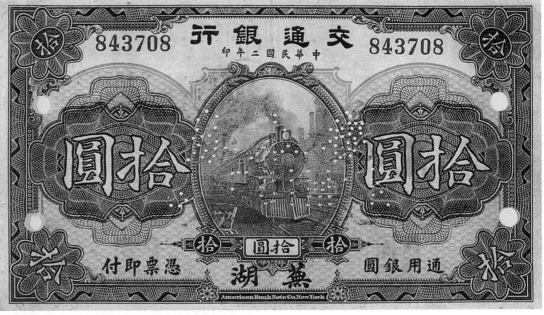

1188
選自《交通銀行發行紙幣圖冊》
★★★★

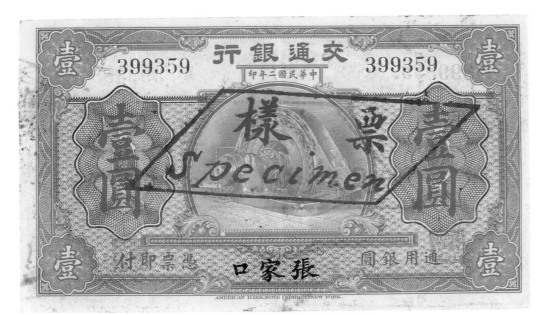

1189
上海博物館 藏
★★

1190
上海博物館 藏
★★★

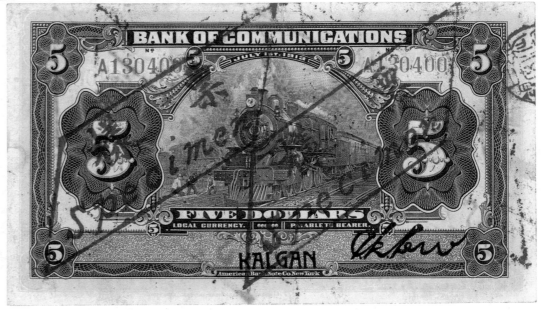

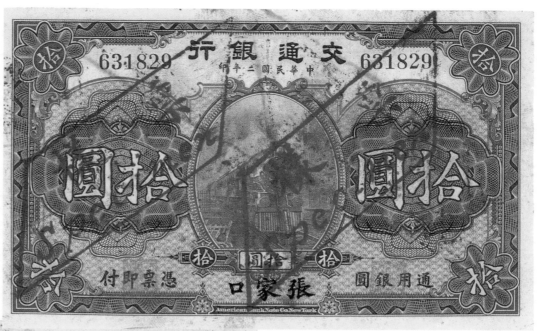

1191

上海博物館　藏

★★★★

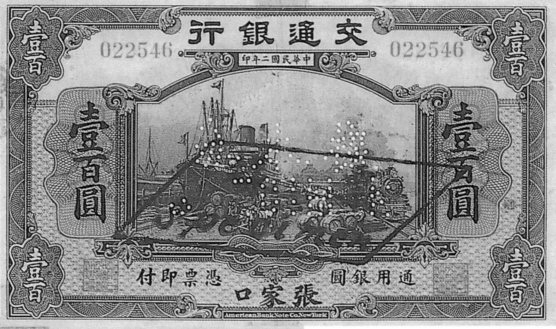

1192

選自《中國紙幣圖說》

★★★★

1193
上海博物館　藏
★★

1194
上海博物館　藏
★★

1195

上海博物館　藏

★★★

1196

上海博物館　藏

★★★★

1197

上海博物館 藏

★★

1198

上海博物館 藏

★★★

1199
上海博物館 藏
★★★★

1200
上海博物館 藏
★★

1201
上海博物館　藏
★★★

1202
上海博物館　藏
★★★★

1203
上海博物館　藏
★★

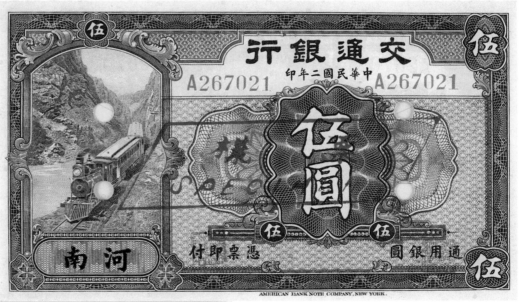

1204
上海博物館　藏
★★★

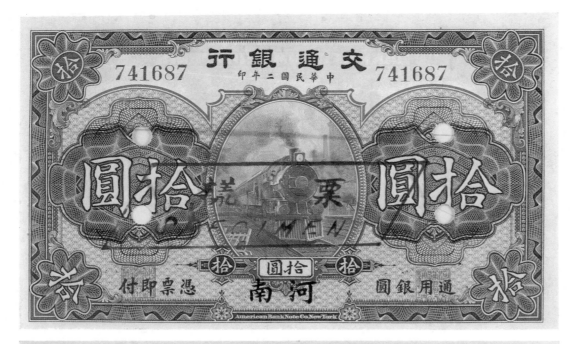

1205
上海博物館　藏
★★★★

1206
上海博物館　藏
★★

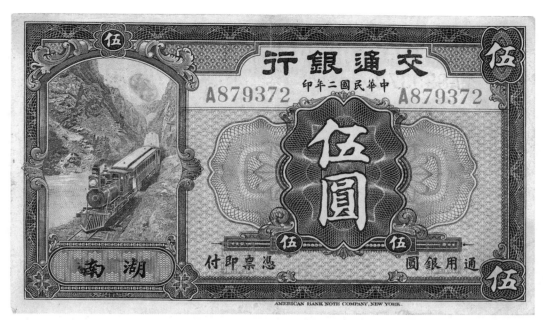

1207
上海博物馆　藏
★★★

1208
上海博物馆　藏
★★★★

1209

吴筹中　提供

★★

1210

上海博物館　藏

★★★

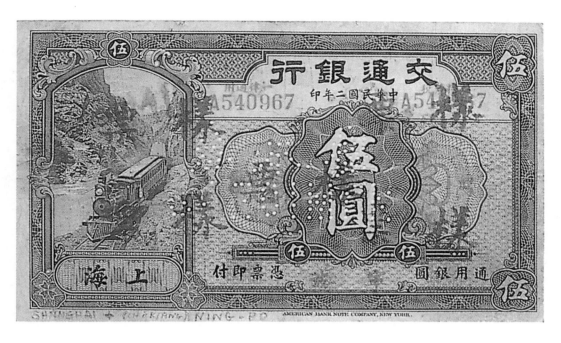

1211

許義宗　舊藏

★★★

1212

上海博物館　藏

★★★★

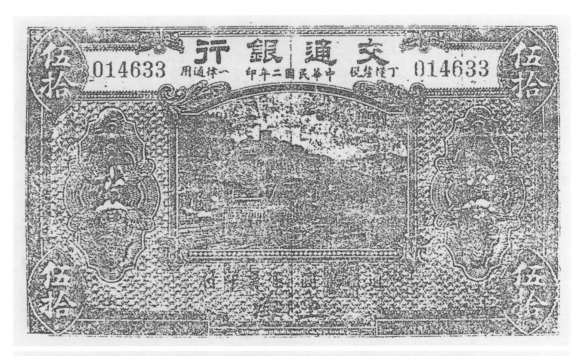

1213

吴籌中　提供

★★★★

1214

上海博物館　藏

★★★

1215
上海博物館　藏
★★★★

1216
上海博物館　藏
★★

1217
上海博物館　藏
★★★

1218
上海博物館　藏
★★★★

1219
吴籌中 藏
★★

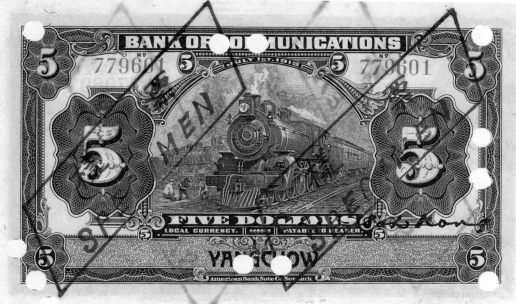

1220
上海博物館 藏
★★★

1221

上海博物館 藏

★★★★

1222

選自《交通銀行發行紙幣圖冊》

★★★

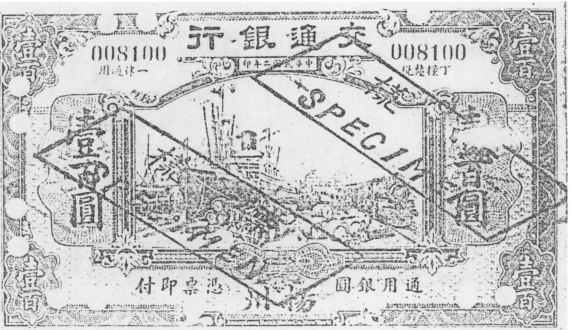

1223

吳籌中 提供

★★★★

1224
上海博物館　藏
★★

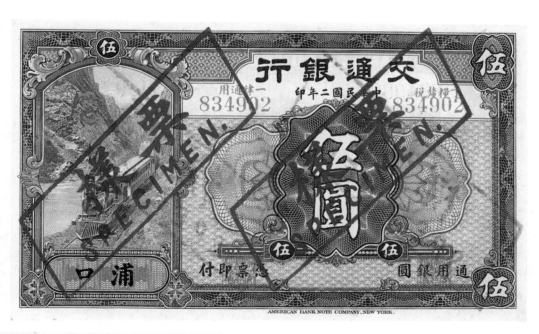

1225
上海博物館　藏
★★★

1226

上海博物館 藏

★★★★

● 國幣輔幣券·財政部版

1228

選自《中國紙幣圖説》

★

1227

選自《中國紙幣圖説》

★

1229

選自《中國紙幣圖說》

★

1230

選自《中國紙幣圖説》

★★

1232

吳籌中 藏

★

1231

吳籌中 藏

★

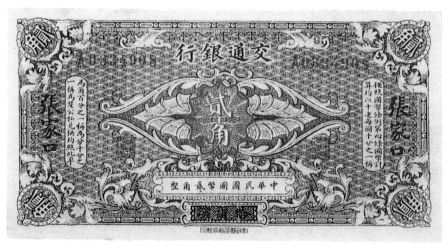

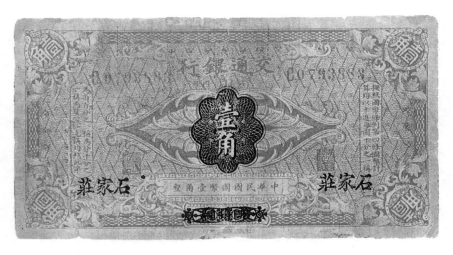

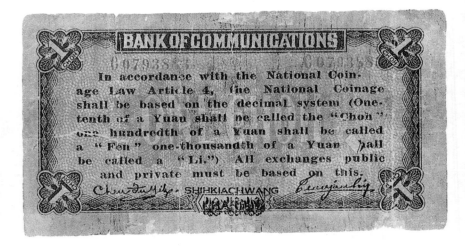

1233
吴籌中 藏
★

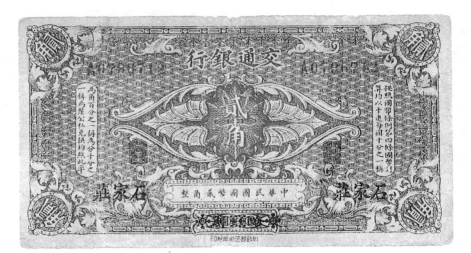

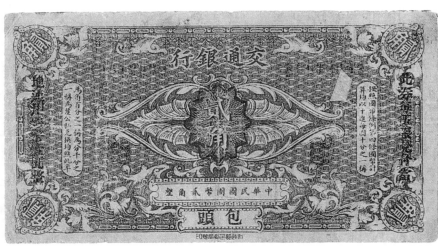

1235
吴籌中 藏
★★

1234
吴籌中 藏
★

1237
選自《中國紙幣圖說》
★

1236
選自《中國紙幣圖說》
★

1238

選自《中國紙幣圖說》

★

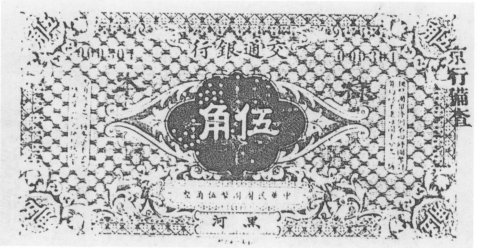

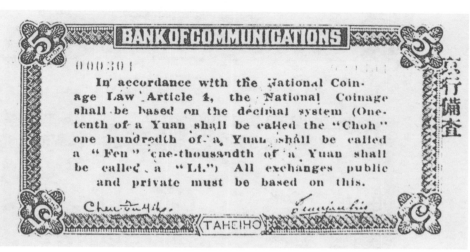

1239

上海博物館　藏

★★

1240

選自《中國紙幣圖說》

★

1242

選自《交通銀行發行紙幣圖冊》

★

1241

選自《中國紙幣圖說》

★

1243

選自《交通銀行發行紙幣圖冊》

★

1244

選自《交通銀行發行紙幣圖冊》

★★

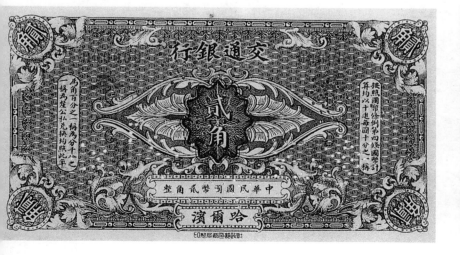

1245
選自《中國紙幣圖說》
★★

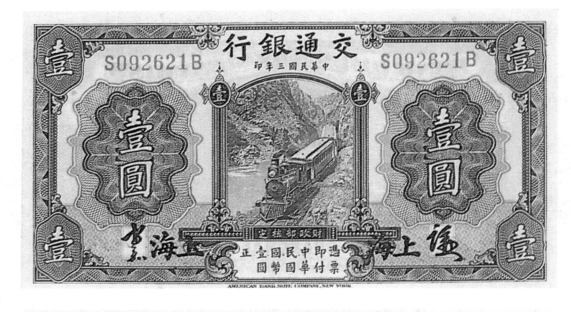

1246
選自《中國紙幣圖說》
★★

1247
許義宗　舊藏
★★

1248
許義宗　舊藏
★★

1249
許義宗　舊藏
★★

1250
許義宗　舊藏
★★

1251
許義宗　舊藏
★★

1252
許義宗　舊藏
★★

1253
許義宗 舊藏
★★

1254
許義宗 舊藏
★★

1255
許義宗　舊藏
★★

1256
許義宗　舊藏
★★

1257
許義宗　舊藏
★★

1258
中國人民銀行上海分行　藏
★

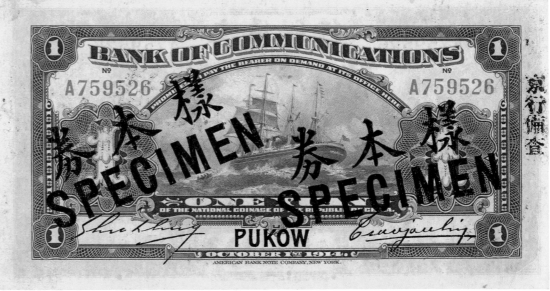

1259
上海博物館　藏
★

1260
上海博物館　藏
★★

1261

上海博物館　藏

★★

1262

上海博物館　藏

★

1263
上海博物館　藏
★★

1264
上海博物館　藏
★★

1265
上海博物館　藏
★

1266
上海博物館　藏
★★

1267
上海博物館　藏
★★

1268
上海博物館　藏
★

1269
上海博物館　藏
★★

1270
上海博物館　藏
★★

1271
上海博物館　藏
★

1272
上海博物館　藏
★★

1273

上海博物館　藏

★★

1274

上海博物館　藏

★★★

1275
上海博物館　藏
★★★

1276
上海博物館　藏
★

1277
上海博物館 藏
★

京行備查

1278
吳中籌 藏
★

1279
上海博物館　藏
★★

1280
上海博物館　藏
★★

1281
上海博物館 藏
★★★

1282
上海博物館 藏
★

1283
吴籌中 藏

1284
吴籌中 藏

1285
吴籌中 藏

1286
吴籌中 藏

1287
吴筹中 藏

1288
吴筹中 藏

1289

吴籌中 藏

1290

中國人民銀行上海分行 藏

1291
吴籌中　藏

1292
吴籌中　藏
★

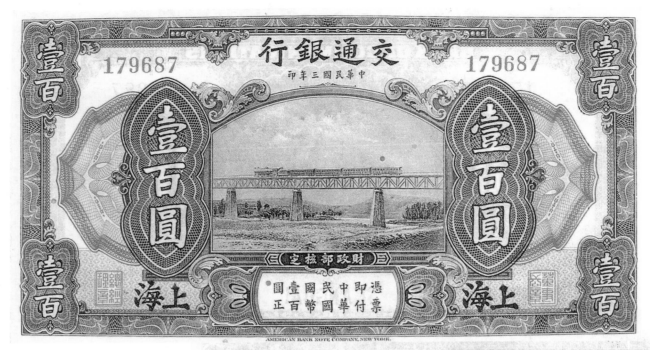

1293
吴籌中 藏
★

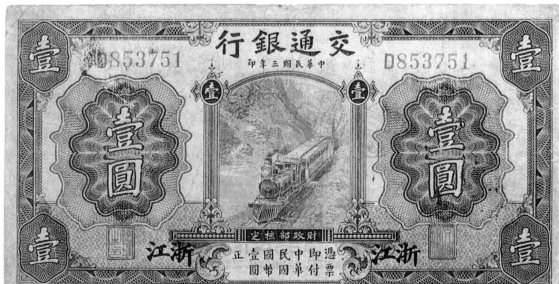

1294
吴籌中 藏
★

1295
上海博物馆 藏
★★

1296
上海博物馆 藏
★★

1297

上海博物館　藏

★

1298

上海博物館　藏

★★

1299
吴籌中 藏
★★

1300
上海博物館 藏
★★

1301
上海博物館　藏
★★★

1302
上海博物館　藏
★★★

1303
上海博物館　藏
★

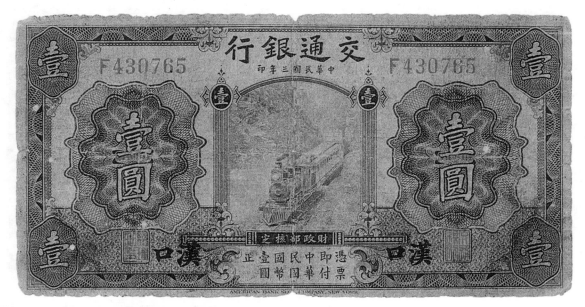

1304
吴籌中　藏
★

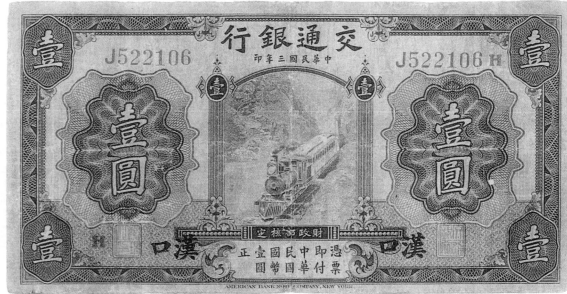

1305

吴中筹 藏

★

1306

上海博物馆 藏

★★

1307
吴筹中 藏
★★

1308
上海博物館 藏
★★

1309
上海博物館　藏
★★★

1310
上海博物館　藏
★★★

1311

上海博物館　藏

★

1312

上海博物館　藏

★

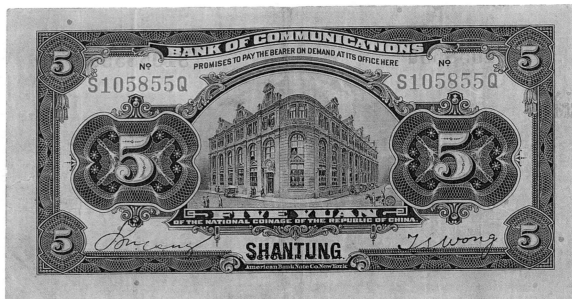

1313
中國人民銀行上海分行　藏
★

1314
上海博物館　藏
★

1315
吴筹中 藏
★

1316
吴筹中 藏
★

1317
上海博物館　藏
★★

1318
上海博物館　藏
★★

1319
吴籌中 藏
★

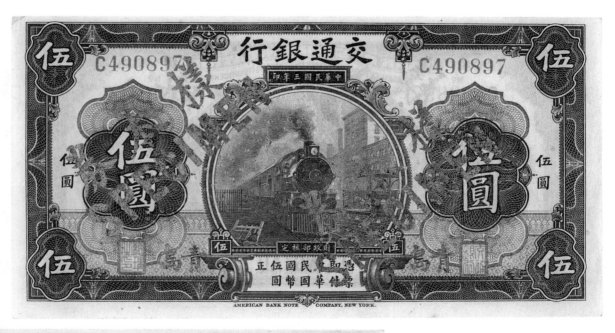

1320
上海博物館 藏
★★

1321
上海博物館 藏
★★

1322
吳籌中 藏
★★

1323
上海博物館　藏
★

1324
上海博物館　藏
★★

1325
吴籌中　藏
★★

1326
上海博物館　藏
★★

1327
上海博物館　藏
★★★

1328
上海博物館　藏
★★★

1329
選自《交通銀行發行紙幣圖冊》

1330
嵇昂 藏
★★★

1331
上海博物館　藏

1332
吳籌中　藏

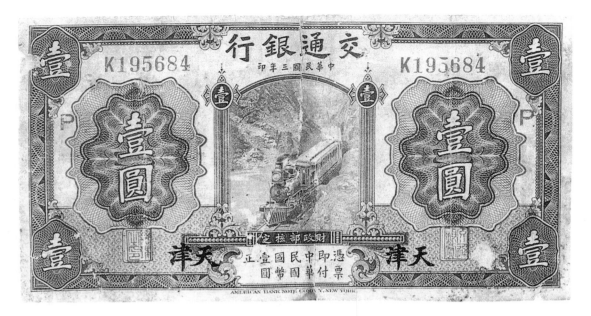

1333
吴籌中 藏

1334
上海博物館 藏

1335
吴筹中 藏

1336
吴筹中 藏

1337
吴筹中 藏

1338
吴筹中 藏

1339
吴籌中 藏

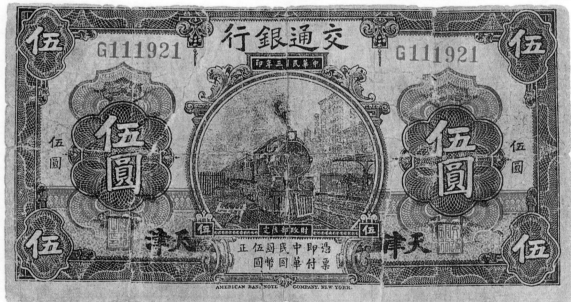

1340
吴籌中 藏

1341

上海博物館　藏

1342

吳籌中　藏

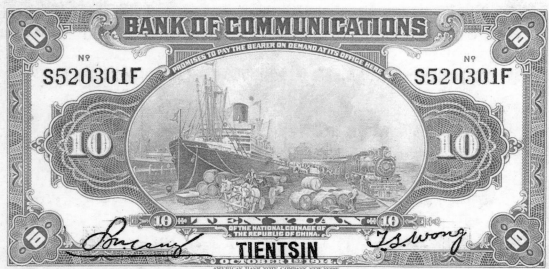

1343
吴籌中 藏

1344
吴籌中 藏

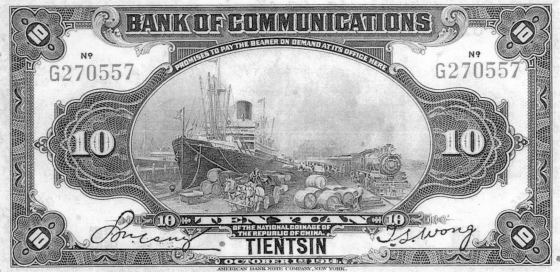

022062

交通銀行

中華民國三年印

022062

H

樣本券 伍拾圓

樣本券 SPECIMEN

H

財政部核之

憑票即付中華民國伍拾圓正

天津

天津

伍拾

伍拾

SPECIMEN

AMERICAN BANK NOTE COMPANY, NEW YORK.

1345
上海博物館　藏
★

BANK OF COMMUNICATIONS
PROMISES TO PAY THE BEARER ON DEMAND AT ITS OFFICE HERE

No. 022062

No. 022062

50

50

京行備查

樣本券 SPECIMEN

樣本券 SPECIMEN

50

H

H

THE NATIONAL COINAGE OF THE REPUBLIC OF CHINA

TIENTSIN

OCTOBER 1ST 1914.

AMERICAN BANK NOTE COMPANY, NEW YORK.

096101

交通銀行

中華民國三年印

096101

伍拾

伍拾

伍拾圓

伍拾圓

財政部核之

憑票即付中華民國伍拾圓正

天津

天津

伍拾

伍拾

AMERICAN BANK NOTE COMPANY, NEW YORK.

1346
吳籌中　藏
★

BANK OF COMMUNICATIONS
PROMISES TO PAY THE BEARER ON DEMAND AT ITS OFFICE HERE

No. 096101

No. 096101

50

50

50

50

THE NATIONAL COINAGE OF THE REPUBLIC OF CHINA

Lee Chao

TIENTSIN

Loshiopu

OCTOBER 1ST 1914.

AMERICAN BANK NOTE COMPANY, NEW YORK.

1347
吴籌中　藏
★

1348
吴籌中　藏
★

1349
吴筹中 藏
★

1350
上海博物馆 藏
★

1351
吴籌中 藏
★

1352
吴籌中 藏

1353
吴籌中 藏

1354
吴籌中 藏

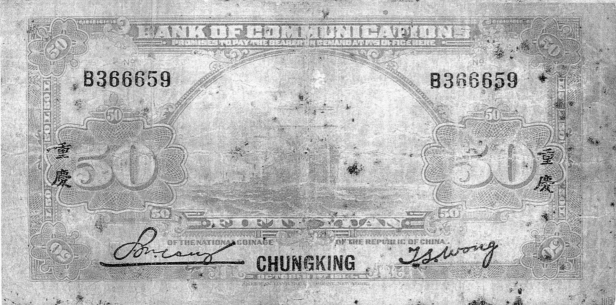

1355
吴籌中 藏
★

1356
吴籌中 藏
★

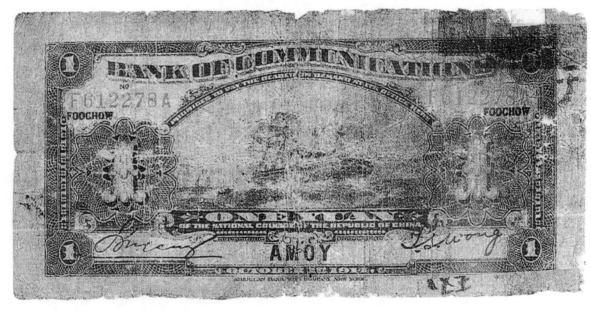

1357
王煒　藏

1358
王煒　提供

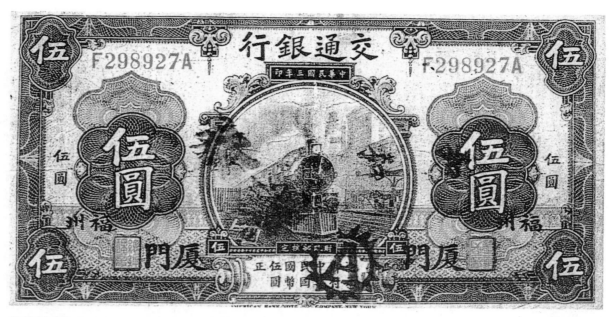

1359
王煒　提供

1360
吳籌中　藏

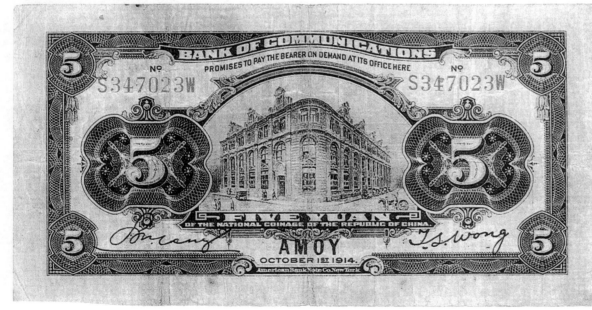

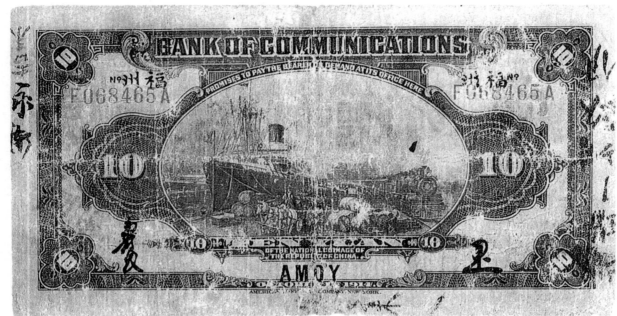

1361
吴籌中 藏
★

1362
王煒 提供
★

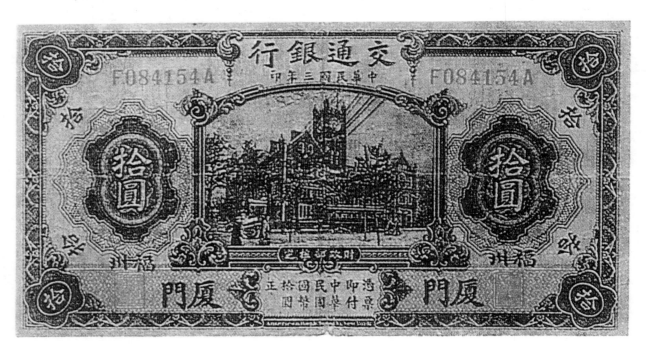

1363
王煒 提供

1364
吳籌中 藏

1365
上海博物館　藏
★

1366
上海博物館　藏
★★

1367
上海博物館　藏
★★

1368
上海博物館　藏
★★★

1369
上海博物館 藏
★★★

1370
上海博物館 藏
★

1371
上海博物館　藏
★★

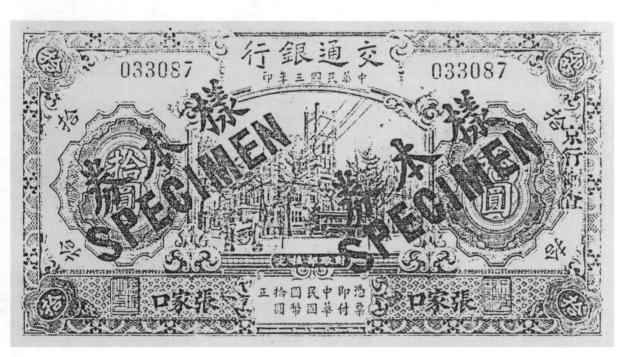

1372
吳籌中　提供
★★

1373
上海博物館　藏
★★★

1374
上海博物館　藏
★

1375
上海博物館　藏
★★

1376
選自《交通銀行發行紙幣圖册》
★★

1377
上海博物館 藏
★★★

1378
上海博物館 藏
★★★

1379
上海博物館　藏
★

1380
上海博物館　藏
★★

1381
上海博物館　藏
★★

1382
上海博物館　藏
★★★

1383
上海博物館　藏
★★★

1384
上海博物館　藏
★

1385

上海博物館　藏

★★

1386

上海博物館　藏

★★

1387
上海博物館 藏
★

1388
上海博物館 藏
★★

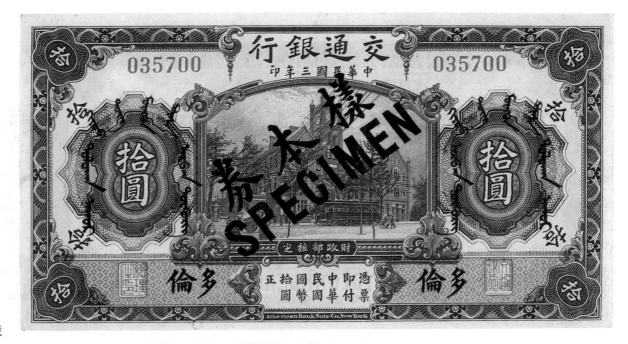

1389

上海博物館　藏

★★

● 京錢票

1390

吳籌中　提供

★★★

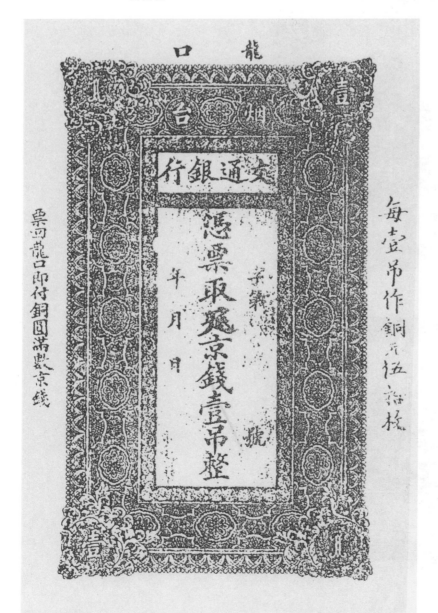

正面

龍口

交通銀行

煙台

憑票取飛京錢貳吊整

字第　　號

年　月　日

票面龍口即付銅圓滿數京錢

每吊按京錢六五拾枚

1391
選自《交通銀行發行紙幣圖冊》
★★★★

1392
吴筹中　提供
★★★★

1393
吴筹中　提供
★★★★

● 市錢票

1394
吴籌中　提供
★★★

1395
吴筹中　提供
★★★★

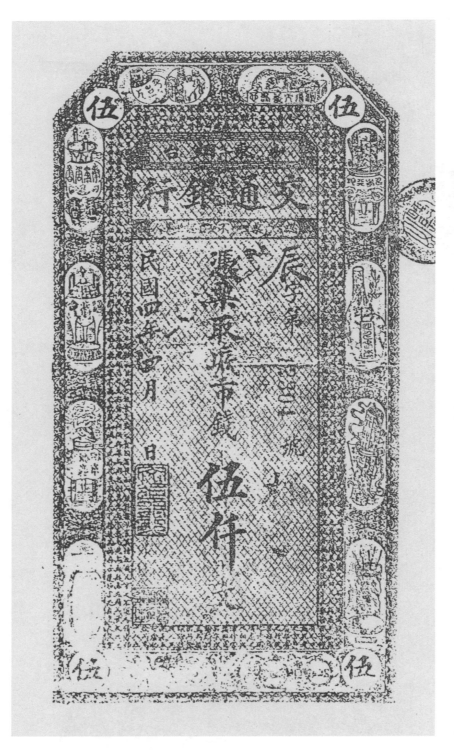

1396
吴籌中　提供
★★★★

● 小銀元輔幣券·美鈔版

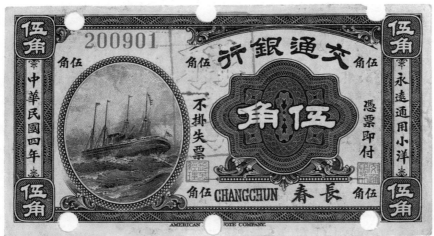

1397
上海博物館　藏
★★

1398

上海博物館　藏

★★★

1399

上海博物館　藏

★★★★

1400

上海博物館　藏

★★★★

1401

上海博物館　藏

★★

1402
上海博物館　藏
★★★

1403
上海博物館　藏
★★★★

1404
上海博物館　藏
★★★★

● 小銀元輔幣券・財政部版

1405
上海博物館　藏
★★

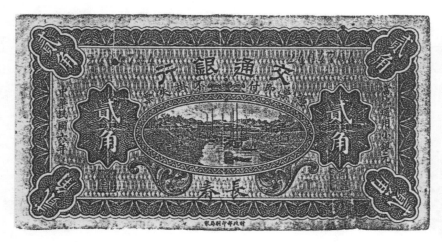

1406
吴籌中　提供
★★

1407
吴籌中　提供
★★★

● 國幣券·財政部版

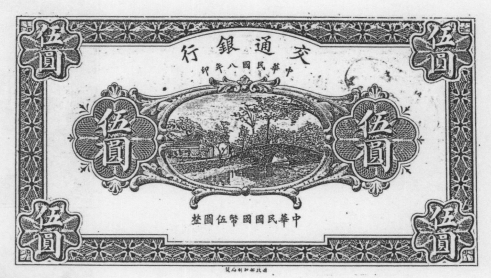

1408
吴籌中　提供
★★

1409
吴筹中 提供
★★

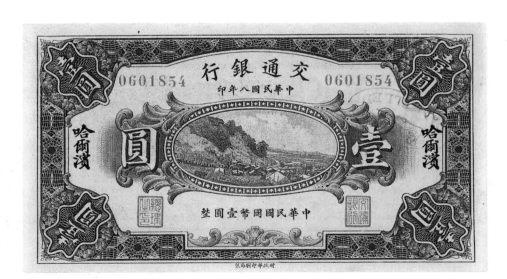

1410
上海博物馆 藏
★

1411
上海博物館　藏
★★

1412
上海博物館　藏
★★

1413
上海博物館　藏
★★

1414
上海博物館　藏
★★★

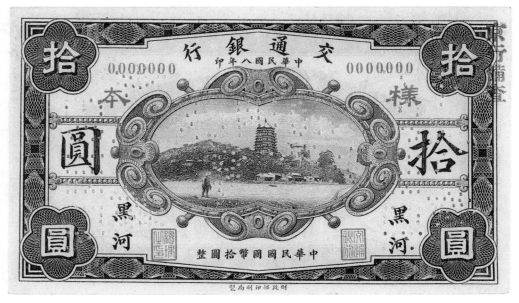

1415
上海博物館　藏
★★★

● 國幣券·美鈔版

1416
上海博物館　藏
★★

1417
上海博物館 藏
★★★

1418
上海博物館 藏
★★★

1419
上海博物館　藏
★★★★

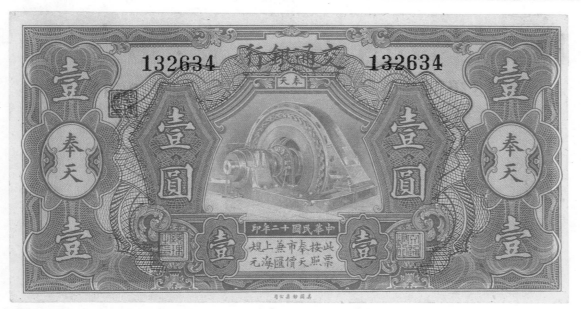

1420
上海博物館　藏
★★

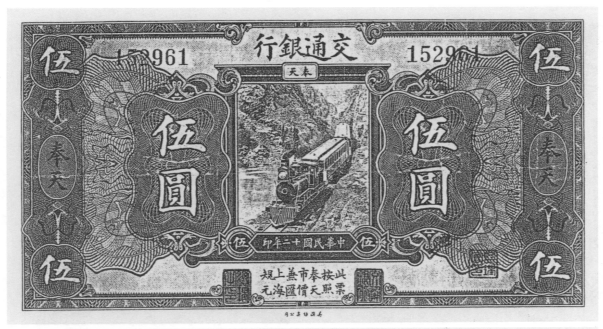

1421
吴籌中　藏
★★

1422
上海博物館　藏
★★★

1423
上海博物館　藏
★★

1424
上海博物館　藏
★★

1425
吴筹中　提供
★★★

1426
上海博物館　藏
★

1427
上海博物館　藏
★★

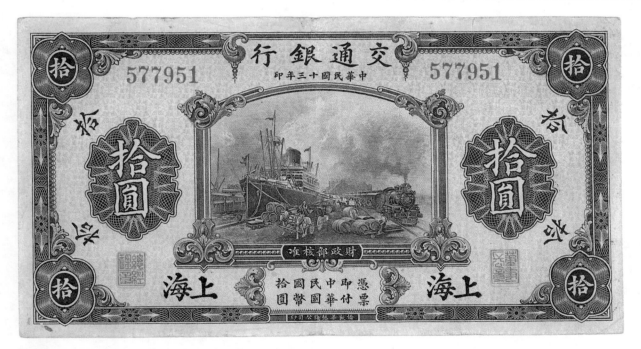

1428
上海博物館　藏
★★★

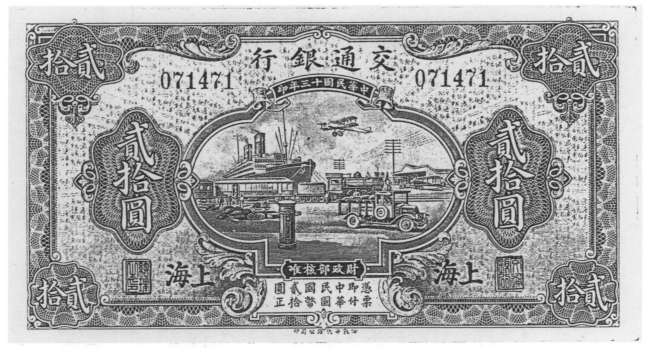

1429
吴籌中藏
★★★★

● 小銀元輔幣券·財政部版

1430
吴籌中藏
★

1431
吴籌中藏
★

1432

上海博物館 藏

1433

上海博物館 藏

1434

吳籌中 藏

★

1435

吳籌中 藏

★

1436
吴筹中　藏
★

1437
上海博物馆　藏
★

● 國幣輔幣券·華德路版

1438
吴筹中　藏
★

1439
上海博物馆　藏

1440
上海博物馆　藏

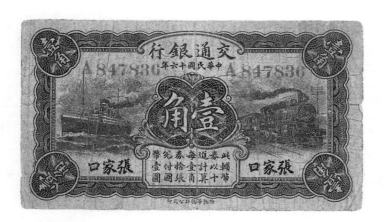

1441
上海博物館　藏
★

1442
上海博物館　藏
★

1443
吳籌中　藏
★

1444
吳籌中　藏
★

1445
上海博物館　藏
★

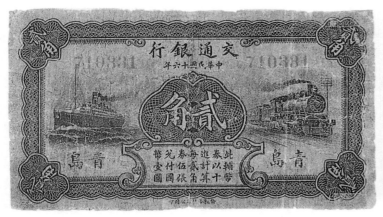

1446
吴籌中 藏
★

1447
上海博物館 藏
★

● 國幣券·美鈔版

1448
吴籌中 藏

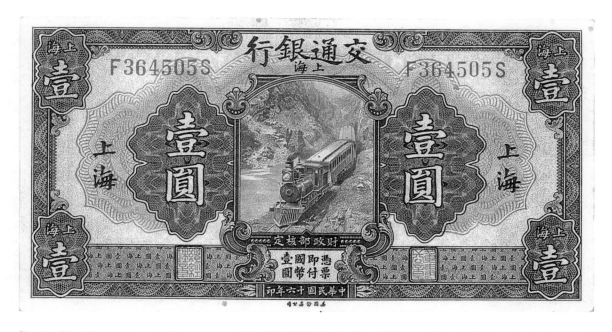

1449
吴籌中　藏

1450
吴籌中　藏

1451
吴籌中 藏

1452
吴籌中 藏

1453
吴籌中 藏

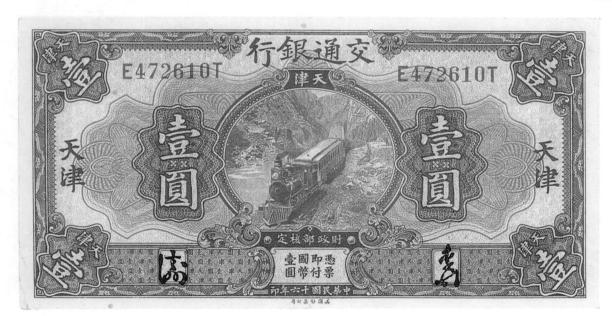

1454
吴籌中 藏

1455
吴筹中 藏

1456
吴筹中 藏

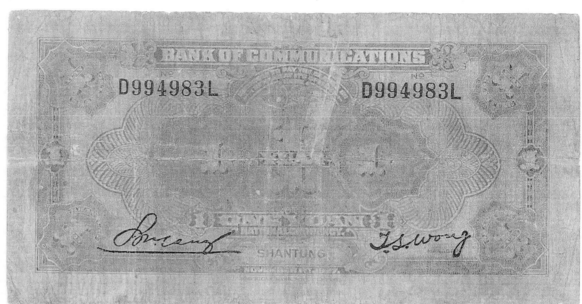

1457
吴筹中 藏

1458
吴筹中 藏

1459
吴籌中 藏

1460
吴籌中 藏

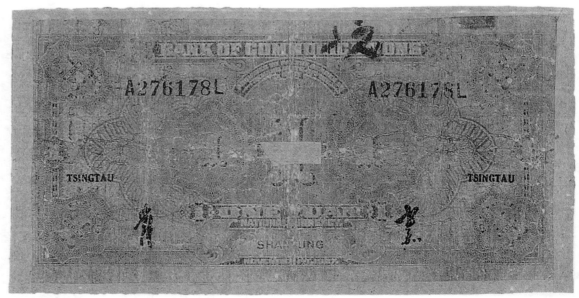

1461
吴籌中 藏

1462
吴籌中 藏
★

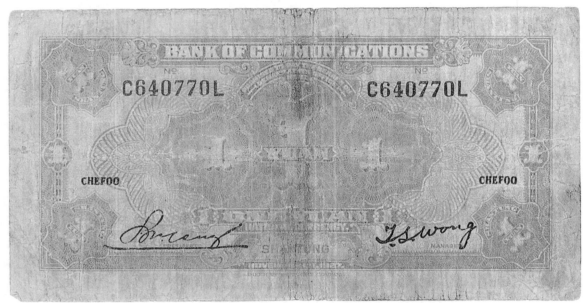

1463
吴筹中 藏
★

1464
吴筹中 藏

1465
吴籌中　藏

1466
吴籌中　藏

1467
吴筹中　藏

1468
吴筹中　藏

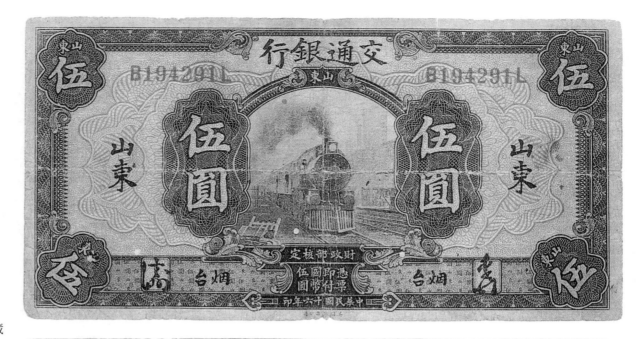

1469
吴筹中 藏
★

1470
吴筹中 藏
★

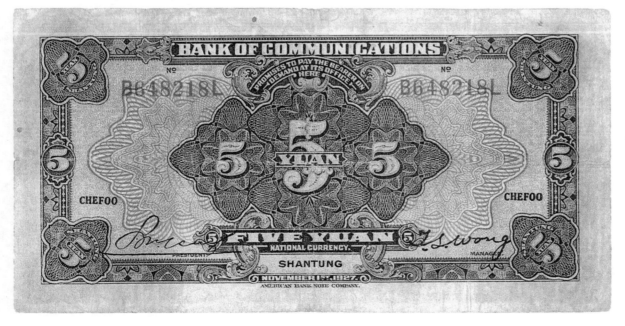

1471
吴筹中 藏
★

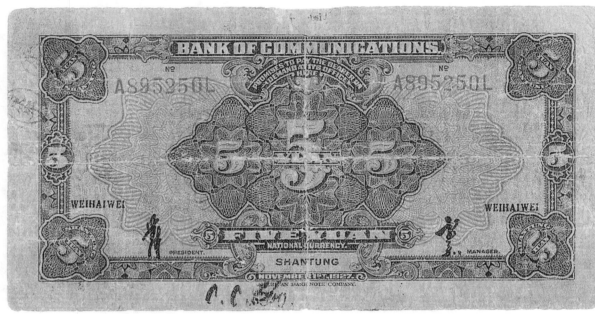

1472
吴筹中 藏
★

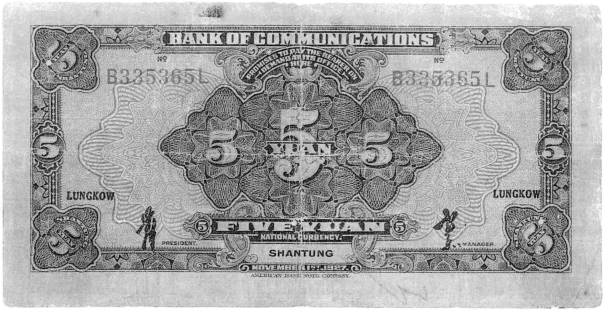

1473
吴筹中 藏
★

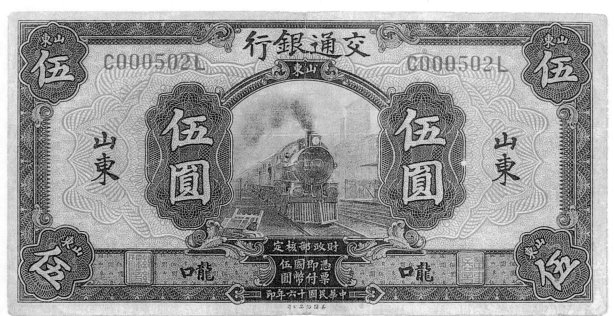

1474
吴筹中 藏
★

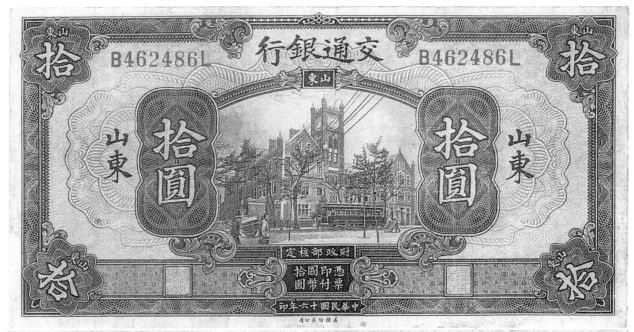

1475
吴籌中 藏
★

1476
吴籌中 藏
★

1477
吴筹中 藏
★

1478
吴筹中 藏
★

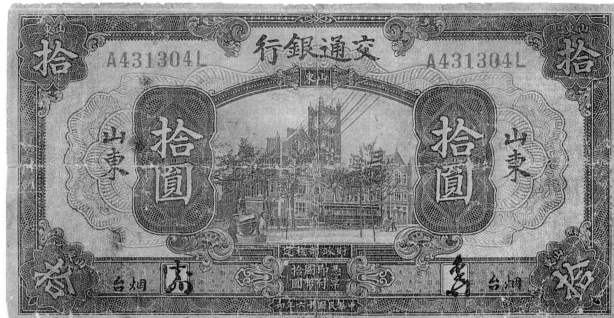

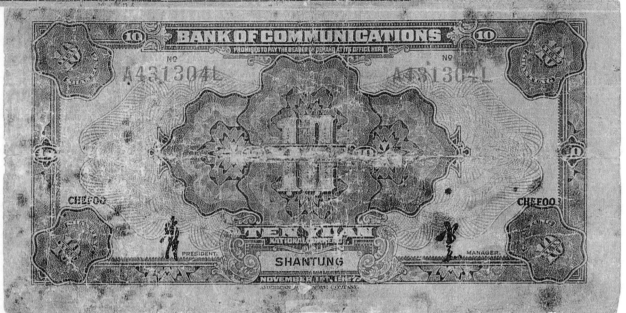

1479
吴籌中 藏
★★

1480
吴籌中 藏
★★

1481
吴籌中 藏
★★

1482
吴籌中 藏
★★

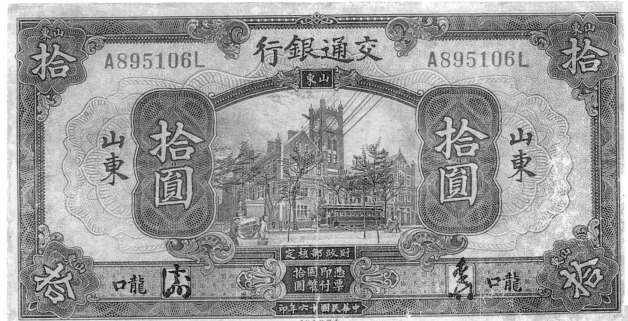

1483
吴籌中 藏
★★

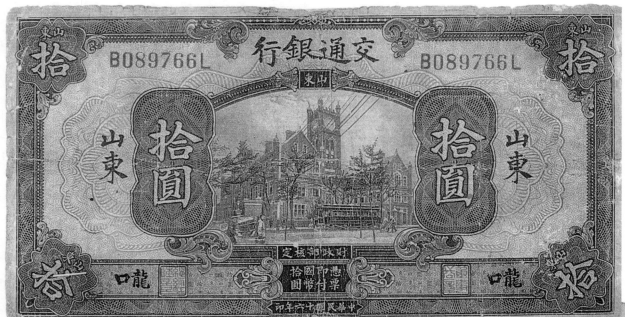

1484
吴籌中 藏
★★

1485
上海博物館　藏
★

1486
吳籌中　藏
★

1487
上海博物館　藏
★★

1488
　上海博物館　藏
★★

1489
吳籌中 藏
★★

● 國幣券·德納羅版

1490
吳籌中 藏

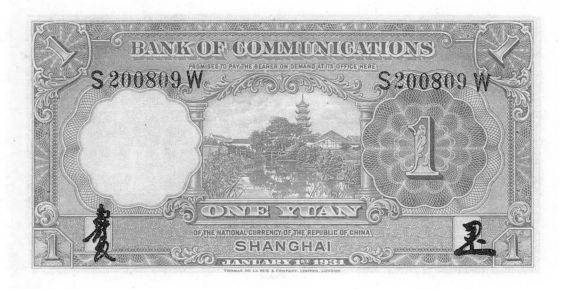

1491
吴籌中　藏

● 國幣券·華德路版

1492
吴籌中　藏
★

1493
吳籌中　藏

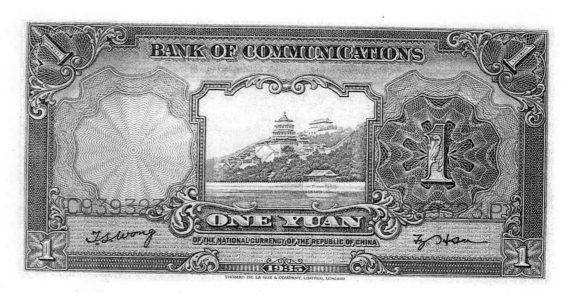

1494
吳籌中　藏

1495
吴筹中　藏

● 法幣券·美鈔版

1496
吴筹中　藏

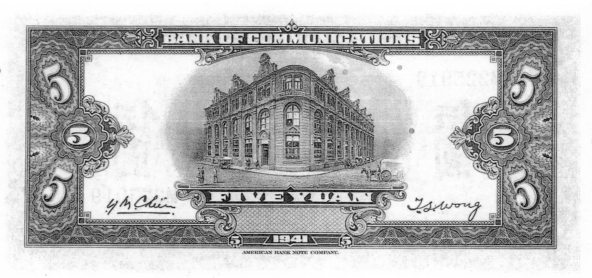

1497
吴筹中 藏

1498
中國人民銀行上海分行 藏

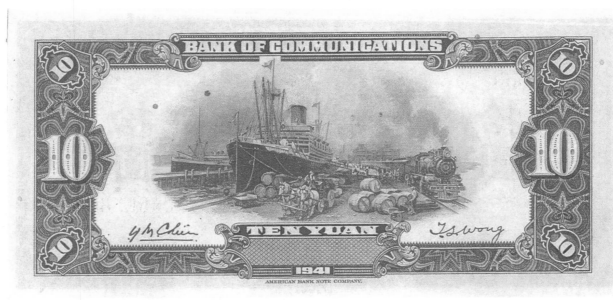

1499
吴籌中 藏

1500
吴籌中 藏

1501
吴筹中 藏

1502
吴筹中 藏

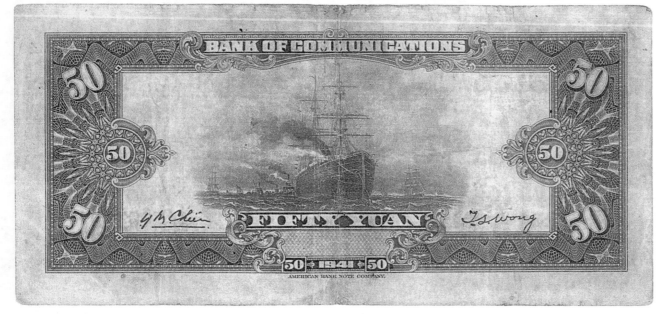

1503
吴涛中 藏

1504
吴涛中 藏

1505
吴籌中 藏

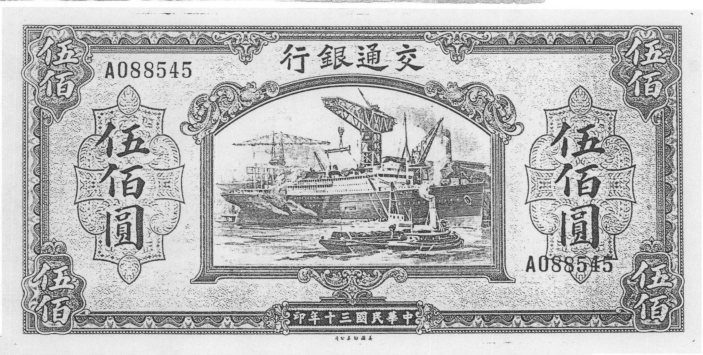

1506
吴籌中 藏
★

● 法幣券·商務版

1507
吳籌中 藏

● 法幣券·大東版

1508
吳籌中 藏

1509
上海博物館　藏

1510
吳籌中　藏

1511
吳籌中 藏

● 國幣券本票·興華版

1512
吳籌中 提供
★★

1513
吳籌中　提供
★★

● 國幣券本票·六聯版

1514
郭乃興　藏
★★

1515
王煒 提供
★★

1516
王煒 提供
★★

1517
王煒 提供
★★

1518
王煒 提供
★★

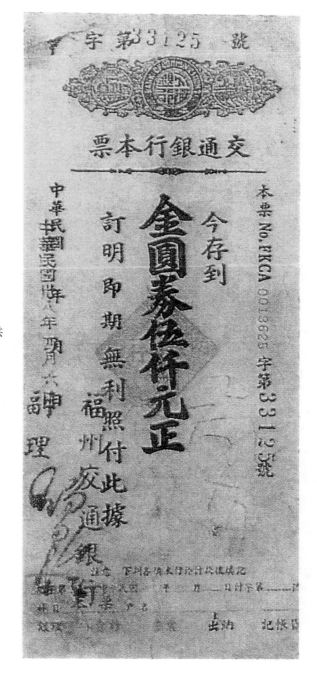

1519
馮志苗　藏
★★

● 豫鄂皖贛四省農民銀行
　國幣輔幣券·大業版

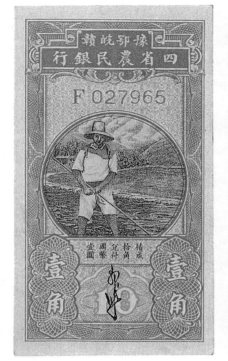

1520
中國人民銀行上海分行　藏
★

1521
馮志苗　藏
★★

1523
馮志苗　藏
★★

1522
苗培貴　藏
★

1524

苗培貴 藏

★

1525

吳籌中 藏

★

1527

苗培貴 藏

★

1526

吳籌中 藏

★

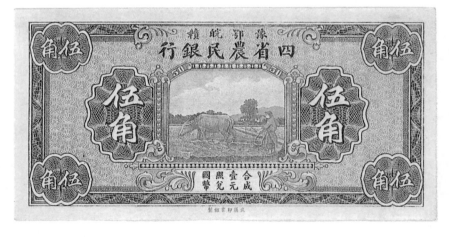

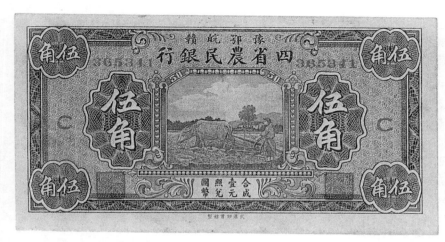

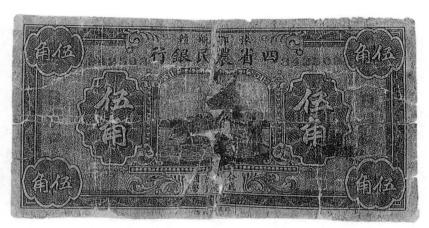

1528
中國人民銀行上海分行　藏
★

1529
吳籌中　藏
★

● 豫鄂皖贛四省農民銀行國幣券·大業版

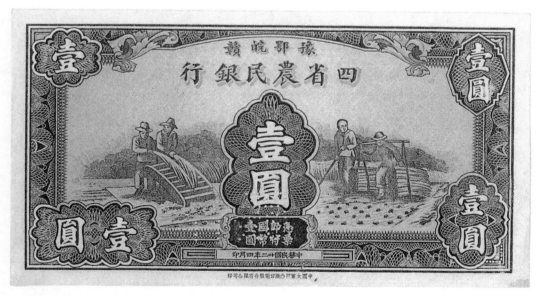

1530
苗培貴　藏
★★

1531
吴筹中 藏
★

1532
吴筹中 藏
★

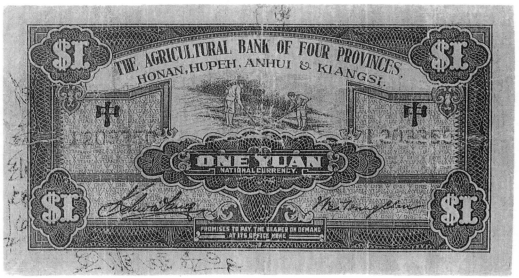

1533
吴筹中 藏
★

1534
吴筹中 藏
★

1535
吴中筹 藏
★

1536
苗培贵 藏
★★

1537
吴筹中 藏
★

● 國幣輔幣券·大業版

1538
苗培貴 藏
★★

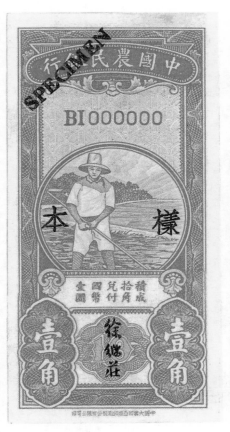

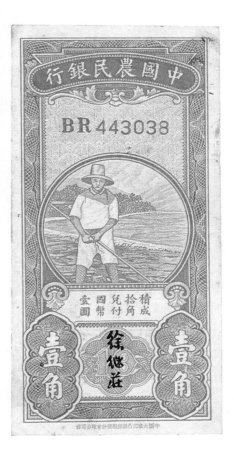

1539
吴筹中 藏
★

1540
苗培貴 藏
★

1541
吳籌中 藏
★

1542
吴筹中 藏
★

1543
吴筹中 藏
★

1544
苗培貴　藏
★

1545
吳籌中　藏
★

1546
苗培貴 藏
★

1547
上海博物館 藏
★

1548
吴筹中　提供
★

1549
吴筹中　藏
★

1550

選自《中國紙幣圖說》

★

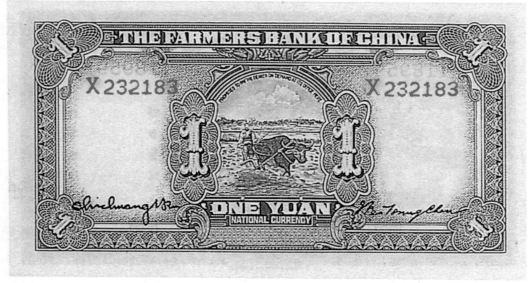

● 國幣輔幣券・大業版

1551

苗培貴　藏

★

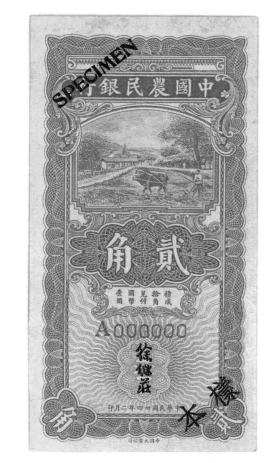

1552

苗培貴　藏

★

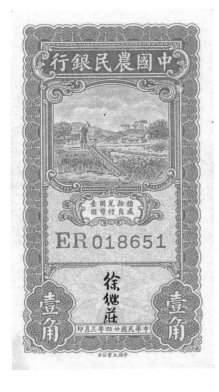

1553
吴籌中　藏

1554
吴籌中　藏

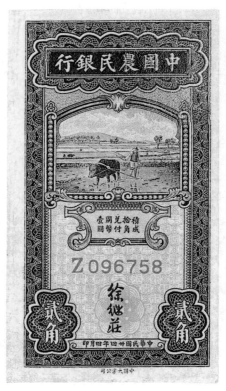
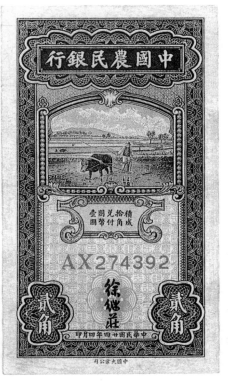

1555
苗培貴　藏

1556
吴籌中　藏

1557
苗培貴　藏

★

1558

吴籌中　藏

● 國幣券·德納羅版

1559

吴籌中　藏

1560
吴筹中 藏

1561
吴筹中 藏

1562
苗培貴　藏
★

1563
吳籌中　藏

1564
吴籌中　藏

1565
苗培貴　藏

1566
苗培贵 藏

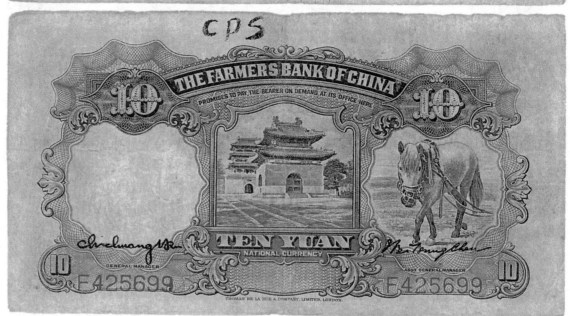

1567
吴筹中 藏

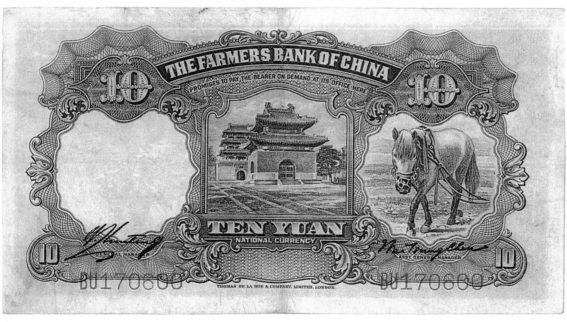

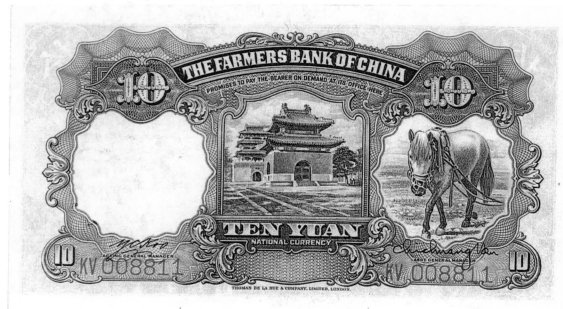

1568
吴籌中 藏

1569
吴籌中 提供
★

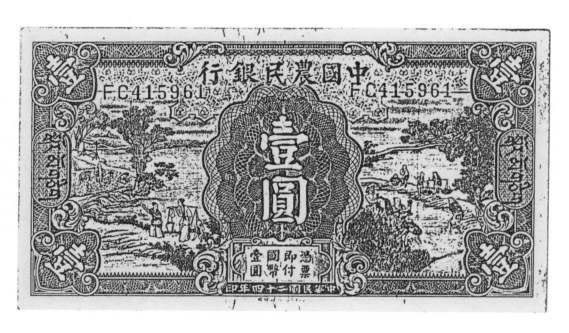

1570
吴籌中　提供
★★★

1571
顧文炳　藏
★★★

01002

1572
苗培貴　藏
★

1573
吳籌中　藏
★

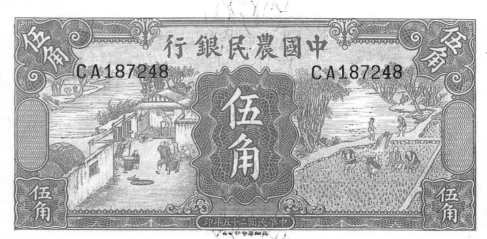

1574
吳籌中 藏

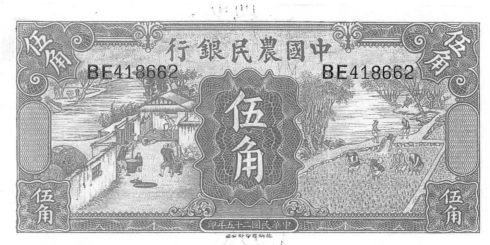

1575
吳籌中 藏

● 國幣輔幣券·大業版

1576
吳籌中 藏

1577
吴籌中　藏

● 國幣券·大業版

1578
吴籌中　藏

1579
吴籌中　藏

1580
苗培貴 藏
★

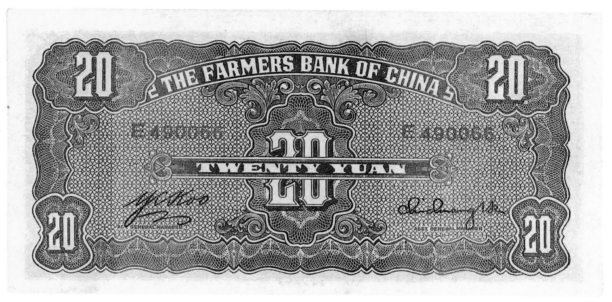

● 國幣券·美鈔版

1581
苗培貴 藏
★

1582
吴筹中 藏
★

1583
吴筹中 藏
★★

1584
苗培貴 藏
★★

1585
苗培貴 藏
★★

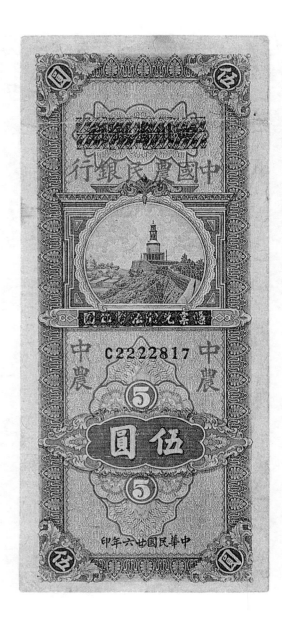

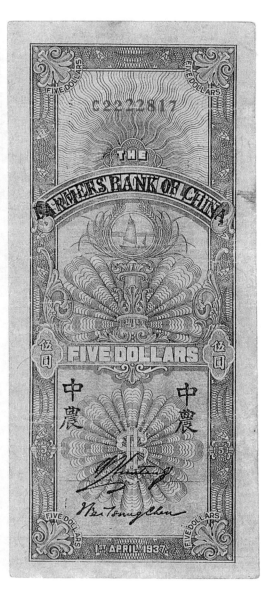

1586
中國人民銀行上海分行　藏
★★

1587
苗培貴　藏
★★

1588
馮志苗 藏
★★★

1589
苗培貴　藏
★★★

1590
苗培貴　藏
★★★

（背圖見 785 頁）

1591
吳籌中　藏

(1590 背圖)

1592
苗培貴 藏

1593
吳籌中 藏

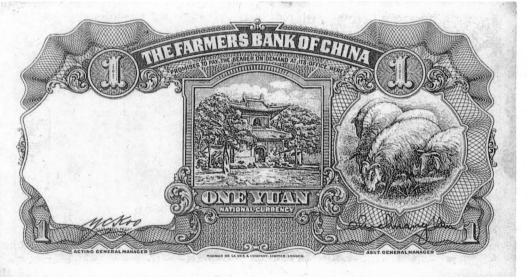

1594
吴籌中　藏

1595
吴籌中　藏

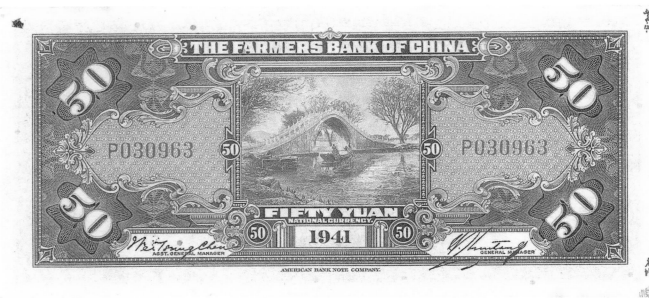

1596

吳籌中　藏

1597

吳籌中　藏

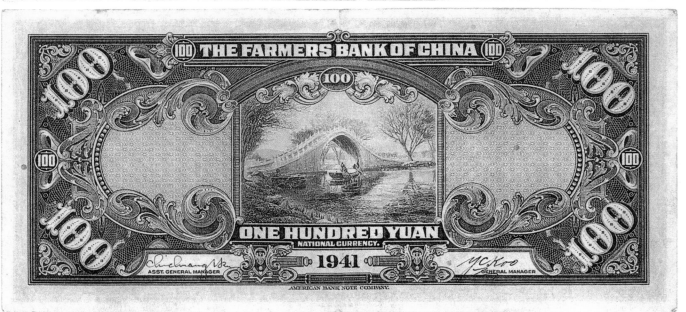

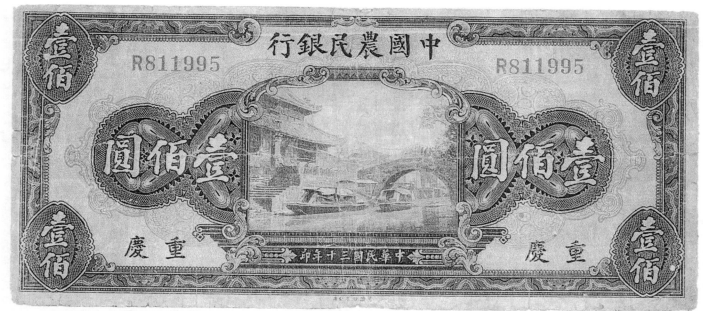

1598
吴筹中 藏

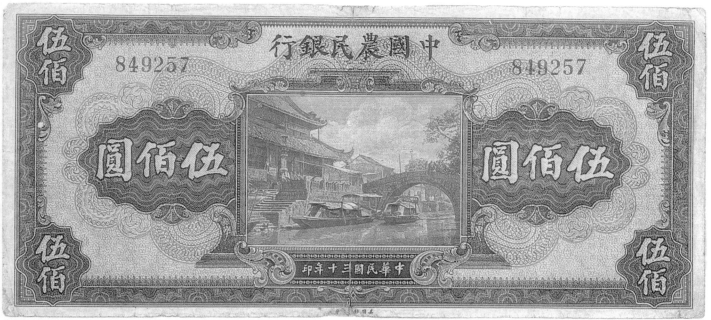

1599
吴筹中 藏

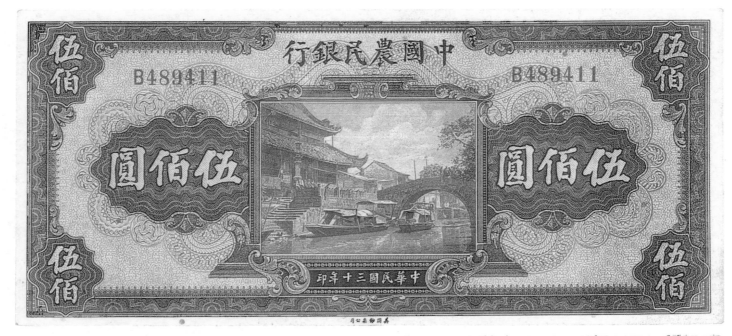

1600
吴籌中 藏

● 國幣券·大東版

1601
中國人民銀行上海分行 藏

1602
吳籌中 藏

1603
王煒 提供
★★

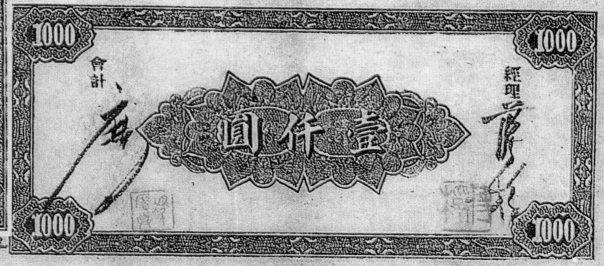

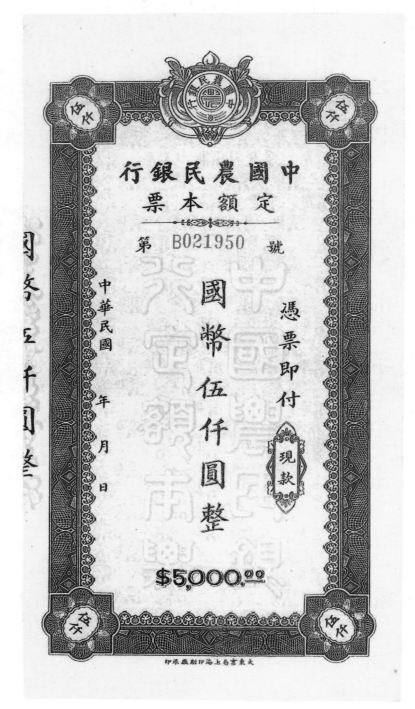

1604
苗培貴　藏
★★